刘墉

【刘墉励志精品丛书·第二辑】

成功成长一线牵

寄小女山岚
父字于纽约
二〇〇五·一月

长江文艺出版社

新出图证(鄂)字 03 号

图书在版编目(CIP)数据

成功成长一线牵/(美)刘墉著

武汉:长江文艺出版社,2005.5

(刘墉励志精品丛书.第二辑)

ISBN　7 - 5354 - 3027 - 9

Ⅰ.成…

Ⅱ.刘…

Ⅲ.散文 - 作品集 - 美国 - 当代

Ⅳ.I712.65

中国版本图书馆 CIP 数据核字(2005)第 033079 号

著作权合同登记号　图字:17 - 2005 - 28 号

ⓒ 2005 中文繁体字版:刘墉

ⓒ 2005 中文简体字版:长江文艺出版社

责任编辑:赵国泰　　　　责任校对:黄黎丽

封面设计:徐慧芳　　　　责任印制:吴竹敏

出版:长江文艺出版社(电话:87679307　传真:87679300　邮编:430070)

　　(武汉市雄楚大街 268 号·湖北出版文化城主楼 B 座 9 - 11 层)

发行:长江文艺出版社(电话:87679362　87679361)

http://www.cjlap.com

E - mail:cjlap2004@hotmail.com

印刷:黄冈日报印刷厂

开本:880 × 1230 毫米　1/32　　印张:9.5　　　插页:1

版次:2005 年 5 月第 1 版　　2005 年 5 月第 1 次印刷

字数:130 千字　　　　　　　印数:1 - 20000 册

定价:19.00 元

编 选 说 明

刘墉的作品以其灵动自然、真挚感人、简约精粹、叩人心扉为广大读者所喜爱，但其在大陆版本甚多，如何从众多的版本中独辟蹊径、挖掘出刘墉作品所蕴含的并不为人所全面了解的内涵是我们努力追求的目标。

正如刘墉自己所言，他不喜欢轻易地得出硬性结论，他所作的只是导入。他的作品是一扇门，向每个读者敞开，进门之后的无限风光、盎然趣味、个中真意则需每个观览者自己领略。我们汰繁去芜、披沙拣金，终于找到了一扇门，一扇通往成功、智慧、心灵的门。我们把它命名为"励志"。

这套《刘墉励志精品文丛》第二辑共六本，分别是《成长不设防》、《没有不能沟通的事》、《相约漂天下》、《成功成长一线牵》、《摇摇沉淀的爱》、《每人头上一片天》。

这里入选的都是作者写得简约平实、平易近人、真真切切、实实在在的文章。有启人心灵的感悟，有充满禅趣的对话，有令人莞尔的幽默，有灵光一闪的机智，但更多的是一个个精妙绝伦、开人心智的小故事。

其实，无论是成年人还是孩子，我们干涸疲惫的心灵都需要爱与智慧的浇灌。我们听惯了太多的大道理，喊惯了太多的口号，见惯了太多的道貌岸然，我们真正需要的是从日常生活中采撷的小故事，以及从中透射出的经验和感触。它们形象、平易、生动而非抽象、严肃、呆板。它们滴水藏海，辉映大千世界；小中见大，折射人生百态。是真正能进入我们血液催动生命的媒介。

所以我们珍爱这些小故事、小道理、小镜头、小幽默。只因它们背后有大智慧、大人生、大视野、大成功。

目　录

如果他长大

弯腰跳的华尔兹

所爱即是家

爱，就注定了一生的漂泊

发力无边

如果他长大

在等待的妈妈

如果人类的母亲，也能这样，
在战乱灾荒的年月，把受孕的爱深藏起来，
带着逃难流离，
直到安适的环境，才让孩子降生，该有多好！

我会学鸡叫，不但能模仿大公鸡司晨，还会装出打鸣的小公鸡。

记忆中最清楚的，是尾巴毛还短，翅膀都没长全的小公鸡，伸着颈子，拍着两翼，踮着脚，铆足了劲儿，才能喊出一两个单音的样子。

渐渐，单音增多了。有一天清晨，挺着丰实光亮的胸羽，抖着朱红的鸡冠，向前虎虎地迈上几步，突然仰首，把那许多单音连成一串：

喔喔喔喔喔……

小公鸡向所有的母鸡宣告，它是大公鸡了！

我也会学母鸡叫，母鸡不像公鸡有"一鸣天下白"的架势，但在生蛋之后，别有一番叫法。

那许多短音连着长音，反复又反复的叫法，必定有四处报喜的意思，告诉大家："我又生了一个蛋!"

不过我想，母鸡未免太笨了，昨天下的蛋，才被我偷走，今天何不记取教训，沉默是金呢？

或许它总是兴奋得忍不住吧！

于是，一听它这么叫，我就跳下椅子，穿上木屐，冲到屋外，再钻进日式房子的下面。果然，有个粉红色的小蛋等在那儿。拿到手上，还热着呢！

我不知道母鸡会不会伤心，只确定它是很有毅力的。昨天的蛋被偷了，今天再生一个。今天的蛋不见了，明天再下一个。直到——

有一天，它突然不再生蛋，两眼发直地坐在地上。把它赶起来，没一下子，又坐了回去。

"它是要抱窝了!"母亲说。

可是它一个蛋也没留下，抱什么窝呢？难道它是因为伤心过度，静坐绝食，表示抗议吗？

"不要瞎猜!"母亲端来一盆冷水，放在树下，再把母鸡抓来，用绳子绑在树上，让它的两脚泡在冷水里，怎么跳也跳不出去。

"冷水激一激，清醒了，忘记抱窝这件事，就又会下蛋了。"母亲说。

果然，没多久，它又开始进食、生蛋、报喜。

只是我永远无法忘记，深夜从窗子望出去，那母鸡孤零零地，站在冷水中发抖的样子……

看《国家野生物》杂志的插图，一只澳洲塔斯马尼亚(Tasmania) 的袋鼠妈妈，双手抓着一枝小花，歪着头，好像在闻花香。胖胖大大的身子下面，伸出个小脑袋，一双黑黑亮亮的眼睛，正盯着另一丛植物出神。

躲在妈妈的肚子里，多温暖哪！

怀着宝宝的母亲，多满足啊！

这一幅温馨的袋鼠母子图马上吸引了我。再看文章的标题，也很有意思——

"在等待的妈妈 (Mothers In Waiting)。"

文章里说，跟人类怀胎两百八十三天不同，这世上最少有一百种以上的动物，像蝙蝠、袋鼠、海狸、红猫熊和黄鼠狼，能够把它们怀孕的时间延长，短的只有几天，长的则能达到一年。

譬如在秋天怀孕的，明明当年秋末就可以生产，聪明的妈妈却能使受精卵不成长，一直等到春天最适合养育的季节，才把宝宝生下来。

于是宝宝躲过了最难熬的冬天，妈妈有足够的食物转成奶水，又使孩子能有春、夏、秋三个季节快速长大，学到谋生的技能，以应付生命中第一个寒冬。

这是上天赐给动物妈妈多么伟大的一种能力啊！如果人类的母亲，也能这样，在战乱灾荒的年月，把受孕的爱深藏起来，带着逃难流离，直到安适的环境，才让孩子降生，该有多好！

　　这也使我想起以前看生物影片，在沙漠里有一些植物的种子，能够禁得起烧灼的阳光和无比干燥的环境，但是只要有一天，降下足够的雨水，那些种子就能在几天之间萌发、生根、苗长、开花，且结出下一代的种子。

　　然后，这些植物的妈妈就枯萎了！

　　电影中，我看到那些干枯的叶子，被沙漠上的焚风一吹，就像是灰烬一般碎成片片，飘得无影无踪。

　　但是，它们的种子落在了地上，被飞沙掩盖，等待另一个雨季的来临……

　　儿子已经十七岁，妻又怀了老二，近四十岁的她没怎么害喜，我却常有心跳恶心的毛病。

　　"这是男人妊娠现象！"心脏科的医生笑道，"很平常，太太怀孕，丈夫造成的精神官能症状，放心，没事！孩子生下就好了。"

　　我跑去对妇产科医生说。他笑得更厉害。

　　"你知道吗？有些女人，明明没怀孕，却可能又停经，又恶心，又爱吃酸东西，连肚子都一天天大起来，如果不化验，怎么看都像是怀孕，岂知是假的！"

　　"骗谁呢？"

　　"骗自己！"

　　院子里种了一大丛菊花，有陶渊明在东篱采的那种中国菊，有团簇如球的金盏菊 (marigold)，也有因为可以维持很

久而得名的百日菊 (zinnia)。

当然，不论能维持多久，它们终归是要枯萎的。只是令我不解，为什么金盏菊和百日菊在花开之后还能撑上一段日子，中国菊却才开完花，就整株枯黄了。

直到一位很懂园艺的朋友对我说后，才恍然大悟。

"不必经过种子繁殖的，花一开完，常会死。至于金盏和百日，因为非靠种子不能传宗接代，所以总要撑到种子长成。"朋友说，"你没听最近新闻报道，中国熊猫有断粮的可能，因为它们赖以维生的竹子都在开花。"

"？"

"开完花，竹子就要死了！"朋友说，"这世界上的东西很奇妙，植物动物都一样，当它们生殖和养育的责任完成，生命也就到了尽头。"

我的小女儿，原来只对大的布偶感兴趣，每天总要抱着大大软软的狗熊睡觉，搂在怀里，似乎可以替代妈妈，得到些安全感。

但是三岁生日才过，她的胃口突然改了。原本不屑一顾的小布偶被一个个掏了出来。

睡觉时，小布偶也被带上床，但抱法不一样，嘴里还发出奇怪的声音。

"你在尖声细气地说什么啊？"我问她。

"我在学小蓝兔子的声音，她是我女儿，在叫我妈咪！"

每天一早，小丫头更是才张眼，就对着布偶细声细气地讲话，连自己妈妈叫她，都装做没听见。

"喂！我发现你好像爱小蓝兔子，不爱妈妈了！"妻对她抱怨。

"我爱妈咪，更爱小蓝兔。"小丫头说，"小蓝兔是我女儿！"

这世上雌性的生物，似乎天生就承接着一个使命——延续她们的下一代。

她们可以假着抱窝、假地开花、假性怀孕、假装做妈妈。

不论真与假，能实现或不能实现，她们总是在准备、在等待。

她们都是在等待的妈妈！

再会吧！我的爱！

我将很难忘怀，临行时女儿的那句话：

"我不去，可是我会想你!"

我也相信，有一天，我会对她说：

"我不得不走，可是我会想你。"

去年春天，带女儿去迪斯尼世界，逛到挪威馆前，突然下起倾盆大雨，没处躲，只好钻进旁边的挪威餐馆，顺便用了午餐。

不知因为去的时候不对，还是挪威食物本来就难吃，那顿饭，真是实难下咽，小丫头尤其不适应，没吃几口就停了。

这挪威餐馆的经验，居然在一年之后产生效应。今年夏天，当我问她要不要去挪威玩的时候，小丫头想都没想，就摇了摇头，扮个鬼脸说：

"不去! 东西太难吃。"

出发当天早上问她，还是不去。

只是，我和妻临上车，小丫头却大哭了起来，我把她抱起，交到她哥哥怀里，她哭得更凶了。

"你不是说你不要去吗？"我问她。

"我是不要去。"小丫头哭着喊，"可是我会想你们啊！"

我又问："如果现在给你报名，立刻走，你去不去？"

"我还是不去！"

◆

挪威最美的是狭湾。十二天的旅程，居然坐了八次船。

两岸峭壁插天，山顶是白色的冰河，山下是深蓝的涧水。一条能载几百人的大船从中间滑过去，像是个小小的玩具船，拖过一片蓝色的绉纱。

船速很快，狭湾里的风很凉，但是游兴正浓的旅客，仍然聚在船顶的甲板上。妙的是，穿着鲜丽衣服，背着旅行包的年轻人，总是站在船头。有些人还把身子倾出去，迎着风，看前面移来的美景。年老的一群，则总是挤在船尾，即使朝前坐着，也特别把头转过去，对着逐渐消逝的景色和水花。

"欣赏来的风景，是'壮怀'；欣赏去的风景，是'缅怀'。"我对妻说，"缅怀有什么不好呢？年轻时在船头没看清的风景，年老时可以在船尾好好欣赏。"

◆

有一天，身边坐了一对老夫妇，带了个年轻的小伙子，大概年轻人要远行，老夫妇特地送一程，一路上不断地叮嘱，做母亲的还一个劲地为儿子拉衣襟。

船一站站地停，旅客们上上下下。老夫妇不得不下船了，年轻人特地搀着两老上岸，又赶紧跳回船上。

船动了，老太婆沿着码头追，一面咕咕哝哝地说，一面摇着手帕，一面抓紧自己的皮包。一下子抬头看年轻人，一下子注意脚下码头上的绳子。一步一跳，好几次，都差点摔倒。

最后，她不得不停在码头的边缘。回身，抱住了老伴。

◆

又有一天，看见一对年轻夫妻牵着孩子，送两位白发老人上船。

船嘟嘟嘟嘟地走了，年轻人不断挥手，小孩子放声大哭。渐渐，手不挥了，做父亲的抱起小孩儿。

这边，老太婆则哭着扑进了老先生的怀里。老先生拍着老妻，面无表情地看着消失的孩子。他的眼里没有泪，满是坚毅，一个男人面对生命的坚毅。

◆

一位老同事，在孩子出国留学之后，对我说：

"滑稽不滑稽？我女儿临出国抱着我哭，叫我说服她，叫她不要出国。她要是能不走，还需要我说服吗？她要是非走不可，我说又管什么用？"恨恨地，好像有一堆讽刺："她抱着我哭，哭完，一转身，就去收拾行李了，剩下我在哭。"

还有个朋友说得妙：

"女儿小的时候，说她将来绝不嫁人，要一辈子陪我。后来说嫁人之后，还要跟我住。再大一点，改口了，说嫁人之后，要住得离我近点。结婚之前，又改口，说以后会常来看我。现在呢？说得好！叫我常常去看她。"

也记得三年前，儿子进大学的第一天。

妻和我送他去住校，先和他把行李搬进宿舍，为他移动床的位置，还帮他铺床单。再到校外，请他吃了餐饭。

离开时，儿子送到校门口，站在路边，看着我们的车开走，我回头，见他已经穿过马路，正在安全岛上，盯着来车，准备跨过另一边。

突然想起他小时候，牵着手送他上学，教他怎么先看左边、再看右边。连现在看他过马路，都让我有点担心。

"他居然没多看我们一眼，就过马路走了。"我对妻说，"我有一种好怪的感觉，到底是他离开了我们，还是我们离开了他。又或者，因为他已经是他，我们还是我们？"

◆

总记得老电影里，送人坐轮船远行的画面。

　　码头上万头攒动。一条条彩色的纸带，从船上远行者的手中抛下来，由送行者接住，拉着彩带的这一头。

　　便见那船像是穿了草裙，扯着千百条彩带，也扯着千百条心。

　　终于，船起锚了。

　　手在挥动，彩带在飘舞。一条条支持不住，拉断了，断在风中……

　　纸带是那么脆弱，怎能拉得住大轮船呢？远行者是那么非走不可，岸上的人怎能留得住呢？

　　生命多像是一条长河！

　　长河不断地流，载着我们向前走，直到我们走不动，下了船，看年轻人继续他们的旅程。

　　长河也可能通向下一世，当时间到了，我们不得不上船，告别亲爱的人，荡到生命的彼岸。

　　老一辈留不住年轻人；年轻人也留不住上一代。到时候，就得走，这本是生命的定律。

　　我将很难忘怀，临行时女儿的那句话：

　　"我不去，可是我会想你！"

　　我也相信，有一天，我会对她说：

　　"我不得不走，可是我会想你。"

如果他长大

自己走的孩子，
不论是早产、小产或早夭，
都会是快乐的"灵"，跟在我们身边，
让我们一生领着他……

　　一转眼，小女儿已经五岁了。每次看白雪公主的卡通片，就吵着要去迪斯尼乐园。每次提到迪斯尼乐园，就勾起一段我不愿想起的往事。

　　七年前，妻怀孕了，看见窗外大雪纷飞，儿子又吵着要去迪斯尼，我说："去玩玩吧! 等生了娃娃，就好几年没法动了。"

　　于是，一家飞去了佛罗里达。

　　迪斯尼很大，加上更大的"未来世界"，真有玩不尽的感觉。所幸才怀两个多月的身孕，妻还很能走，腰都直不起来了，还坚持玩完"小飞侠"，才回旅馆。

　　飞机上，她的腰更酸了，回家第二天，半夜突然拍我，哭着：

码头上万头攒动。一条条彩色的纸带，从船上远行者的手中抛下来，由送行者接住，拉着彩带的这一头。

便见那船像是穿了草裙，扯着千百条彩带，也扯着千百条心。

终于，船起锚了。

手在挥动，彩带在飘舞。一条条支持不住，拉断了，断在风中……

纸带是那么脆弱，怎能拉得住大轮船呢？远行者是那么非走不可，岸上的人怎能留得住呢？

生命多像是一条长河！

长河不断地流，载着我们向前走，直到我们走不动，下了船，看年轻人继续他们的旅程。

长河也可能通向下一世，当时间到了，我们不得不上船，告别亲爱的人，荡到生命的彼岸。

老一辈留不住年轻人；年轻人也留不住上一代。到时候，就得走，这本是生命的定律。

我将很难忘怀，临行时女儿的那句话：

"我不去，可是我会想你！"

我也相信，有一天，我会对她说：

"我不得不走，可是我会想你。"

如果他长大

自己走的孩子，
不论是早产、小产或早夭，
都会是快乐的"灵"，跟在我们身边，
让我们一生领着他……

　　一转眼，小女儿已经五岁了。每次看白雪公主的卡通片，就吵着要去迪斯尼乐园。每次提到迪斯尼乐园，就勾起一段我不愿想起的往事。

　　七年前，妻怀孕了，看见窗外大雪纷飞，儿子又吵着要去迪斯尼，我说："去玩玩吧！等生了娃娃，就好几年没法动了。"

　　于是，一家飞去了佛罗里达。

　　迪斯尼很大，加上更大的"未来世界"，真有玩不尽的感觉。所幸才怀两个多月的身孕，妻还很能走，腰都直不起来了，还坚持玩完"小飞侠"，才回旅馆。

　　飞机上，她的腰更酸了，回家第二天，半夜突然拍我，哭着：

"孩子保不住了。"

睡眼中，看她掀开被子，一摊血水……

那一天，正是我的生日。从那天起，我不再过生日。我常想，必然是自己犯错、遭了天谴。不早不晚，让我孩子在我得到生命的那天，失去生命。

虽然隔一年，妻又怀了孕，而今孩子已成个小公主的样子。每次提起那失去的娃娃，我还是忍不住地泪下。

虽然我没见过他，甚至没听过他的心音、摸过他的胎动。可是，我知道，我曾经有个孩子，在那冰雪的夜晚，没有啼哭，甚至没有挣扎，更没看我一眼，就永远地离我而去。

可是，我好想他、好想知道他的模样、好想把他偎在怀里。

想起丰子恺的散文，写他早产的孩子，粉白的皮肤逐渐变凉，只是胸部跳动一下，便安静地躺在产床前、父亲的怀里，睡了！

我多么羡慕丰子恺，虽然他的孩子死了，可是毕竟见了一面。如同他在文中说，孩子能来到这世间，即使是短短一瞬，却也与数十年人世间的因缘有什么差异？一个还没知觉的孩子，一个初做父亲的父亲，没有语言，却有千万的感觉，像触电般，在他们之间流动！

那感觉将是何等的温馨、遗憾，又带着几分凄美！

那一瞬，何尝不是永恒？

◆

　　有个年轻时风流倜傥的学生，不知交过多少女友，不知
"拿过"多少孩子。居然东挑西拣，拖到近四十才结婚。他
的新婚妻子也不小了，挑明了说，是为生个孩子才结婚。婚
后二人也就加倍努力，希望早早"做人"成功。

　　问题是，几年过去，都没消息，只好求助妇产科。

　　他的妻子每天定时打针、照超声波看卵子成熟的情况，
又化验血液里的E2值。钱一把把地花，医院进进出出。每次
我打电话过去，都战战兢兢，怕听到冷冷的、伤心的声音。

　　每次检查，发现试管婴儿又失败，那妻子就哭，哭完两
人便吵，吵完几天不说话。然后，又开始往医院跑。

　　有一天，学生一个人来，坐在沙发上，半天不吭气，突
然嚎啕大哭。我盯着他看，没起身，也没说话，让他好好发
泄。

　　哭了一阵，停了，他低声，一个字一个字地说：

　　"我今天碰到以前的女朋友，那个为我拿过三个孩子的
女朋友。"

　　"她还没结婚吗？"我问。

　　"不！结婚十年了。"

　　"过得好吗？几个孩子？"

　　他突然又蒙头大哭了起来："她没孩子，我们是在医院
碰到的，她也在想办法怀孕，但是，恐怕过去伤得太厉害

了……"

◆

有一天，去找个妇产科的医生朋友谈事情，他正好做完手术，陪我一起走出诊所大楼。

他手上提个黑色的塑胶袋。我问："那是什么?"

"垃圾!"他说。

"垃圾为什么不留给大楼里的清洁工?"我不懂。

"不能! 因为这是医疗的垃圾。"他比了个很奇怪的手势，"没办法，为人消灾!"

他的话，突然让我想起大学时代，一位修习密宗多年，很会看"气"的朋友。有一次去某机构办事，办事的小姐不太客气。他临走，突然转身，低声对那小姐说："你才拿掉了孩子，还不敦厚一点，养养气?"

据说那女人吓得立刻苍白了脸。

"你怎么看出的?"我问。

"我当然看得出，甚至能看出几个孩子。那是几道暗暗的气，永远跟在她头上。"

他的话太玄，也有点迷信，我不愿意相信，但每次想到妻流产的那个孩子，就觉得"他"依然在我身边。

也总记得那天夜里，急诊室的医生说：

"可惜! 孩子掉了，是个男孩!"

我很不高兴地说："既然已经没了，你又何必告诉我是男还是女?"

医生一笑:"让你能够想像,他可能会是什么样子!"他拍拍我:"当日子久了,你老了,你会想想这个失去的孩子。那时候,你别的孩子都大了,只有这一个,在你心中,永远长不大,你会永远怀念他、爱他!"

◆

今天,收到一本《儿心会刊》,读到里面一个失去爱女的母亲的来信。我的泪止不住地落下来。信是这样的:

今天的天气变得如此阴霾,新竹的风,呼啸犹哀嚎,似乎同我一起悲痛着。上个月爱女在新光医院接受心脏血管转位的手术,当天正好满两个月。不幸,第二天就离开了人间。她带着伤心走,留给我的是痛心;心疼的是她在加护病房,表现得那么勇敢坚强,我感受到她的求生意志……直到,一针麻醉剂,长达八小时的手术;输血、心脏按摩、急救后仍挽回不了她那脆弱的小生命。初为人母的我,还来不及感恩于上苍赐我一聪颖、皮肤白皙、体重达四千克、又能自然顺产的女娃时,就剥夺了她的生命。但我相信她在天堂里是个美丽快乐的小天使。

至涵!妈咪永远记得有你这么一位乖女儿。

谨以爱女遗留的一些金饰,帮助心脏患童(我一直不愿承认是"病童"），愿他们——

　　长命富贵。

　　这才出生，便夭折的小女孩叫李至涵，她的父母把亲友送的满月纪念——福字金片、手链、长命富贵项链和紫水晶项链，全部捐给了"心脏病儿童基金会"。

　　我打了电话过去，征求他们同意，刊出这封信，并安慰他们说：

　　自己走的孩子，不论是早产、小产或夭折，都会是快乐的"灵"，跟在我们身边，让我们一生领着他，也用一生去怀念、去想像——

　　他如果长大，会是什么样子？

女儿的鼾声

这么小的孩子，应该还没有王子吧！
但是再过十年，就不保险了。

　　每天深夜，睡觉前，我都会走到女儿的小床边，为她整整被、看看她睡觉的模样，再弯下身，亲她一下。

　　有一天，当我亲她的时候，她居然也撅起小嘴，对着空中啵地一声。

　　"敢情她在梦中，也知道我亲了她？"我猜，"又或是正梦到个青蛙王子？"

　　这么小的孩子，应该还没有王子吧！但是再过十年，就不保险了。

　　于是，我认为她那个梦中的亲亲，必定是回报我的。

　　女儿的小床，就在我的大床边。说她的床小，倒也不尽然。那是张洋人所谓的"日床 (daybed)"，也就是古装电影里，淑女们白天赏完花、踢完球，坐在上面聊天、小憩的那种"三面有栏杆的床"。

买这床，就是为了有栏杆，比较安全。小时候看她上了床，拿把椅子，在没栏杆的那侧一挡，就不愁她会掉下来了。

不过自从上小学，女儿就不准我再放椅子。既然中间没了遮拦，她的床也就跟我的床变成"遥遥相望"。

"总觉得这小丫头在偷偷窥视我们。"我对妻说，"我怀疑她的鼾声是装出来的，我们说的话、做的事，她全一清二楚。"

女儿的鼾声确实不小。所幸，听惯了，倒成为一种安眠曲。

觉得女儿睡在身边，呼吸那么均匀，有一种好平安、好幸福的感觉。但是反过来想，如果睡的不是自己的孩子，而是别人，就算鼾声一模一样，只怕也会不堪其扰。

当然听她的鼾声，也有痛苦的时候，就是在她病中。

呼吸短而急促，可能是在发烧，或有了支气管炎的现象；张口大声打鼾，又隔一下就咳嗽，必是因为鼻子不通，用口呼吸，久了造成喉咙干；先呼吸好好地，突然停止一两秒，发出奇怪的声音，八成是浓痰卡住了喉咙。

每次她病，我就无法安枕。即使睡着了，也好像在梦里竖着耳朵，听她呼吸中的每个"警讯"。

那种夜晚，真是漫长而痛苦的，因她的痛苦而痛苦，而且得由她的呼吸，猜测她的痛苦。

也就每每在她病愈，呼吸转趋平匀的时候，有着无限的欣喜与感恩，觉得天下没有比孩子健康，更令人快乐的事。

小丫头似乎也自知她的重要，明明楼上早为她准备了房间，却宁愿跟我们两口子挤。先说六岁上了小学就搬上楼，最近改口为十岁才走。只怕真到十岁，又要拖到十二岁。

"你放心，十二岁以后，你求她，她也不会待在我们房间里了。"有一天，听着她的鼾声，妻笑说，"到那时候，你倒要伤心、睡不好觉了。"

可不是吗？我想了想，如果屋里不再有女儿的鼾声，我也不再能由呼吸中，探知她身体的状况。她又一人在楼上，不知会不会有坏人钻进去……

我居然有了恐慌。

第二天，我特别上楼察看。

她的房间是粉红色系。粉色的地毯、壁纸和窗帘。还有一个我从古董店买回来的大木床，和为她早就配好了的粉红色床罩。

粉红色的枕头上放了个洋娃娃，表示这房间是她的。

卧室隔壁有个很小的房间，是上一任屋主的佣人房，斜斜的屋顶，只堪摆张小床和小桌。

我在那佣人房里走了一圈，虽然地板已经喀吱喀吱响，暖气倒还很够。

晚上，女儿睡觉前，我去为她熄了灯，又蹲到她床前：

　　"喂！妹妹！你现在天天跟我们睡。以后，你搬到楼上，爸爸去睡你隔壁的小房间，好不好？"

围炉小太阳

下雪的夜晚，点一炉熊熊的火，
在壁炉前把腿盘起来，成为沙发的样子，
再让女儿坐在其中，
听我说个圣诞老人的故事。

小时候看电影《欢乐满人间》，一群扫烟囱的工人，拿着毛茸茸的扫帚，在屋顶上唱歌跳舞。然后，镜头拉开，一片入晚的城市，成千上万的烟囱，一起冒出青烟。

我就想，那每个烟囱的下面，一定都会有一炉火、一家人。白天出去工作的爸爸妈妈、去上学的孩子都回来了，回到自己的小窝。然后，下起密密的雪，屋子外渐渐白了，屋子里渐渐黄了。点起一炉火，火光跳跳地，跳出一屋的黄晕，大家围坐在炉边，多美呀！

后来，上了师大美术系，倒是常在教室里，有那么一炉火。

冬天，画裸体模特儿，校工先在外面把炭火烧红了，再端进来，模特儿在屏风后面更衣，披件罩衫，走到炉火旁的台子上，把罩衫扔在一边，光着身子，让我们画。

温温的火，也会隔着炉子的孔眼，透出一抹闪动的光，从下往上，映在模特儿的大腿侧、乳房边和颈项间，成为一种特别含蓄的中间色调，最难画，也美极了！

有时候，同学会买些番薯，挂在炉子上烤，两堂课将尽，日已斜，番薯也散出香味。于是教授、学生、模特儿，一起偎着炭火享用。

这画面，竟是我大学四年最深刻的，觉得一班同学，像一家人。又好像是农家，收割完了，打理好农具，聚在一起，围着红红的炭火。

又过了二十年，搬到纽约长岛，我也有了一个壁炉，壁炉由一楼向上，穿过二楼，伸出个长长的烟囱。烟囱上不知怎地，居然长了一棵小树，可见那壁炉从上一任屋主，就很少使用。

我也不曾点过，因为在有中央系统暖气的房子里，壁炉只是个装饰，倒是小女儿总盯着炉子看，说听到里面传出奇怪的声音。

相信在她的心底，那壁炉有着另外一种神秘。

有一天，开车出去，女儿一路看人家的房子，碰到有两根烟囱的就大叫，问："那家的小孩会不会得到两份圣诞礼物？"

又有一回，我带女儿上楼，拉开窗帘看屋顶上的积雪，她不看雪，只往上看烟囱，回头问："圣诞老公公，怎么爬上烟囱？又怎么钻进去？"

"说不定明年她就不信了。"妻偷偷对我说，"儿子就是过了八岁，突然不再相信圣诞老人的。"

果然，生日才过，小丫头就讲她犹太裔的同学说，根本没有圣诞老人，那全是爸爸妈妈扮的，所以圣诞礼物上才不是写"北极制造"，而是写Made in China。

今晚，出奇的冷，不久前在加州造成许多灾情的大寒流，移到了美国东岸。气温骤降，居然到了零下十六度。

冷空气向低处跑，冰寒从玻璃窗透进来，虽然暖气开着，仍然感觉脚下的寒意。

看看壁炉，还有儿子买来的柴。晚饭后，我径自移开外面的护网，打开烟囱的铁门。隐隐约约从烟囱里传来呼呼的北风。

先将那泡过蜡油的"引火柴"放在铁架上。再堆上些长形的木条，最后放上"大块"。

只用一根火柴，"火引子"就着了，滋滋地滴着蜡油，冒出熊熊的火光。很快地，木条也被引燃了，发出吱吱的声音，相信有些是松桧之属，散出一种特殊的香味，把原来坐在餐厅的家人都引了过来。

"爸爸点了一炉火，好好！"女儿说。接着若有所思地冲到壁炉前，从下往上望，看那烟囱的铁门。

炉子里的火光突然暗下来。原来中型的木条已经烧得差不多，上面大块的木料还没被点着。

"一定要有小木柴帮忙，大木块才能燃烧。"我一边往里添较小的木条，一边机会教育地对女儿说，"爸爸妈妈是大木头，你和哥哥是小木条，你们帮助我们，一家的火才会旺。"

大木块总算点着了，从边缘流出火焰，还闪着火星，发出小小的爆裂声。

我盘腿坐在地上，又把女儿放在腿间坐着，再将她的两只小手放在我的膝头。

"多舒服的椅子!"我对着她的耳边说。

小丫头没吭气，突然转过脸："原来火炉里的铁门那么小，烟囱那么窄，圣诞老公公那么胖，怎么进得来?"停了几秒钟，很不高兴地问，"圣诞老公公是不是你和妈妈?"

我怔了一下，笑说："圣诞老公公是会变的，他不一定从烟囱走，否则那些没烟囱人家的小孩，不是就都没礼物了吗? 圣诞老公公甚至不用开窗子，免得小孩受凉，也免得警铃响。"

"圣诞老公公会穿过窗子，好像太阳。"女儿大声叫着。

"对! 好像太阳!"我环着肩膀，把她拥在怀里：
"圣诞老公公是你的大太阳，你是爸爸妈妈的小太阳。"

女儿睡了，火也渐渐小了，一块块的焦炭，从架子上崩落，溅出些火星，再变成灰色。

　　我拿浇花的水壶，往余烬上淋了些水，嘶嘶地冒出几缕白烟。

　　炉壁还是烫的，不知这重温炉火的烟囱，会有怎样的感触。

　　关上烟囱的铁门，发出清脆的当的一声，好像一出戏，落了幕。

　　窗外开始飘雪，我对妻说：

　　"明天再点一炉火。"

两个男人的战争

"一边是爸爸，一边是丈夫，
你要我怎么挑呢？"子女幽幽地说：
"我穿着衣服见爸爸，
脱了衣服见丈夫，
到底谁比较亲呢？"

看安徒生的童话故事《养猪王子 (The Swine-herd)》。

王子向邻国的公主求婚，送去他最珍爱的玫瑰花和夜莺，但是公主一点也不欣赏，她把玫瑰扔在一边，又把夜莺放掉了。

不死心的王子把脸涂黑，混进皇宫当个养猪的人。

有一天，公主在花园里听到一阵从没听过的美妙旋律。原来是养猪人在玩一种乐器。

"我要这乐器。"公主说。

"除非你用一百个吻来交换。"养猪王子笑道，"否则不给你。"

公主太喜欢了，只好叫宫女围在她的四周，挡住别人的视线，然后在中间亲吻王子。

不幸的是，国王远远看见宫女奇怪的举动，跑去查看，发现女儿正亲吻养猪王子，于是一怒之下，把公主赶出了皇宫，再也不要女儿回家。

◆

看莎士比亚的《李尔王》。

年老的国王问三个女儿有多么爱爸爸。

大女儿说："我爱父亲甚于爱我的眼睛、我的生命。"

二女儿说："这世界上只有爸爸的宠爱，能使我感到幸福。"

国王高兴极了，把国土的各三分之一送给两个女儿。

接着他问自己最爱的，惟一未出嫁的小女儿。

"我不能保证在这世界上我只爱爸爸。"小女儿很坦诚地说，"因为我会结婚，我总会分一半的爱给我的丈夫……"

国王发怒了，立刻断绝父女关系，连为她说情的老臣，都一起放逐。

◆

看美国电影《华盛顿广场》。影片描写一个富有的医生，自从太太难产死去，就守着惟一的女儿。

他让女儿受最好的教育、穿最讲究的衣服、养成最好的礼仪。但或许因为他管得太严，使那本来已经相貌平平的女儿，变得更为拘谨。

她怯于社交、拙于言词，尤其遇上男孩子，更是手足无措。

令人惊讶的是，在一次酒会上，一位仪表堂堂的男子，居然爱上了她，总借题到她家里走动。

医生紧张了，问自己的女儿："他凭什么爱上你？他爱你的人，还是爱我的钱？"

医生也偷偷造访了那个男孩子，他果然一无所有，甚至没有工作，于是回家警告女儿：

"你如果嫁给他，就得不到我的一文钱。"

在富有的爸爸和穷苦的男朋友之间，女儿选择了后者。

只是，当她对男孩子说："我什么都不要了，宁愿跟着你去吃苦，带我走吧!"男孩子居然变脸，离开她，去了南方。

多年后，医生临终，问自己的女儿："你还等他吗？如果你还打算嫁给他，就得不到我的遗产。"

女儿还是没有松口。

医生死了，律师宣读遗嘱，偌大的家产，只留下一栋房子给女儿栖身，其余的全捐给了慈善团体。

女儿一辈子没结婚，靠教幼稚园过一生。

◆

读中国古典笑话——

有个女子的父亲和丈夫一起作案被捕，判了死罪。

女子跑去对县太爷哭诉："我一下失去两个至亲，怎么活？"

县官想想也是，就说：

"这样吧！我留一条命，由你挑，要你爸爸死，还是丈夫死？"

女子幽幽地说："这教我太为难了，一边是爸爸，一边是丈夫，您要我怎么挑呢？"叹口气，"我穿着衣服见爸爸，脱了衣服见丈夫，到底谁比较亲呢？"

县官笑笑："我知道答案了！"

◆

白雪公主跳上王子的白马走了。

灰姑娘跟着王子进宫了。

美女爱上野兽，留在了城堡。

小美人鱼，只为单恋王子，就毫不犹豫地离开家，找海中的女巫，用自己美妙的声音交换，变成人，再也不回头。

希腊神话里尼苏斯王的女儿，因为看见父亲的敌人迈诺斯英俊魁梧，竟然偷偷剪下父亲神力的"红发"，投奔敌营。

◆

一边是亲爱的父亲，一边是心仪的男友；一边是"从出"的父亲，一边是将"出从"的爱人。千百年来，有多少女子面临这样的抉择。

"留来留去留成仇"，千百年来，又有多少父亲的"怒脸"，能了解女儿依依不舍，却不得不走的"哭脸"？

"他不是抢你女儿的人，是帮助你，继续爱你女儿一生的人。"那女子在信中写的句子真好。

你是我绑来的人质

"我只想知道女儿死前说了什么，"老人说，

"从小，我看着她长大，

如今她死了，

我只想知道她最后那几个小时，

告诉我，让我在记忆里陪她一生吧!"

　　到西安参加大陆的"全国书市"，一个老朋友，跑来请我吃饭，还临时把他太太从办公室叫了出来。

　　"你们临时赶来，家里怎么办？孩子谁管？"我不安地问，却见老友已经拨通大哥大，对着话筒喊：

　　"爸爸，我们不回去了，你做饭，先吃了吧!"

　　"爸爸？"我问，"你那位将军退休的老岳父？"

　　"是啊!"

　　"由他做饭？"

　　"是啊!"他笑了起来，拍拍身边的妻，"你没听说那句话吗——'太太是你由岳父那里绑来的人质'。抓住他女儿，你还怕老将军不低头吗？"

◆

到杭州去，一个年轻小伙子奔前跑后地帮忙，旁边还带了个女朋友，据说已经好得偷偷去"登记"了，只是没敢让家里知道。

"我妈怪！我交什么女朋友，她都不喜欢。"小伙子笑道。

"这个，她喜欢吗？"我偷偷问。

"不喜欢成吗？"小伙子耸耸肩，"有一天，我带她回去吃饭，我妈拉了张臭脸，一顿饭下来都不说话。我就也把脸拉下来，我妈一看，害怕，脸就不拉了。"小伙子搂搂身边那个女孩子，得意地大笑了起来。

◆

到北京，饭店里居然举行"台湾美食节"，摆出的自助餐全是"家乡风味"。

"真地道呢！"我尝了一口肉羹，对服务员说。

"当然地道，是台湾来的人做的。"服务员笑笑，"要不要我为你介绍？他说他读过你的书。"

出来的是位中年男士，穿着一身白，还戴个高高的白帽子，跟我使劲地握手点头，白帽子一下子掉了，露出个光头。

"在台湾我才不戴这鬼帽子呢！我当老板，爱怎么样就怎么样。"他自嘲地说，"可是现在为人打工，没办法。"

"为什么到大陆来打工，不留在台湾呢？"

"不放心啊！"

"不放心？"

"不放心我那个在北京念大学的女儿啊！一个人，到这么远来，多害怕？天天吃不好、睡不好。"

"女儿不适应北京的东西吗？"

"不是啦，是我和我太太吃不好、睡不好啦，就把店关了，跟来北京，我太太在台湾商人家当管家，我来这里做大厨……"

读中国大陆旅行文学家余纯顺写的《壮士中华行》。

一个上海青年余纯顺，居然不爱十里洋场，独自走向中国最偏远的地方。

他一个人以无比的毅力，进入被称为"天堑"和"生命禁区"的川藏、青藏、新藏、滇藏和中尼公路。

一九九六年，余纯顺不但突破了五个天堑，而且继续挺进，完成了五十九个探险项目，走了四万二千公里，眼看就将打破阿根廷探险家托马斯的世界纪录。

但是，他终于倒下了，以一个左腿向前，双手握拳的"走路姿势"，死在了罗布泊。

消息震惊了全中国，余纯顺写的游记成为了畅销书，大家一起向他致敬，说："这是一尊倒下的铜像。"

但是，当我读余纯顺的书时，除了感动于他的坚毅，更佩服一位老人——余纯顺七十岁的老父余金山。

余纯顺远征西藏时带的手推车，是老人为他在上海订制，再亲自送到重庆的；余纯顺"壮士行"最初几年的经费，全是由老人去张罗的。

老人把退休金拿出来，不够，又帮人修东西赚钱，并且十二次为儿子送衣、送钱、送装备，远达哈尔滨和新疆的库尔勒等地。

老人甚至对儿子说："你这一计划很好，能打破世界纪录……但你一个人破，还不'绝'，除非我也加入这一行列，我们父子双双打破世界纪录……"

老人居然陪着儿子走过三千里的路，直到经济支撑不下去，才退出，回去工作。

我眼前浮起一位老人的面容，不像余纯顺那么刚毅，而是慈祥。

他为什么走？他真想打破世界纪录，还是只为不放心，只为陪儿子去冒险？

◆

想起美国的一个电视专题，有位女儿被人奸杀的父亲，想尽办法，希望能见两个凶手一面。

他终于见到了其中一人。

在监狱里，老夫妇和奸杀他们女儿的凶手，面对面坐着。

"我没动手杀她，是另一个人干的。我还叫他不要干，但是他有枪……"这凶手还不认错。

看得出老人按捺着怒气，缓缓地问：

"我只想知道女儿死前说了什么，从小，我看着她长大，如今她死了，我只想知道她最后的那几个小时，告诉我，让我在记忆里陪她一生吧!"

◆

长江水患总算过了，中央电视台播出纪录片的精华篇，记者的镜头在滚滚浊流和一望无际的水面上摸索。

救生艇跟浪搏斗，忽左忽右地摇摆，突然远远看见一棵树的梢头挂着一个小小的影子。

"是个孩子!"有人叫。

船开过去，又因为浪疾，被荡了开来，差点撞上孩子。多危险哪! 那孩子的脚离水只有几英寸，一旦落水，就将立刻被洪流吞噬。

船掉回头了，小心地驶近，有人伸手，一把抱住那看来不过六七岁的娃娃。

抱上船，孩子居然只穿一件小小的上衣，光着屁股。

我一个人，深夜，在常州看电视，流了一脸泪。并在第二天记者会中，说出我的感动。

"你知道那娃娃凭什么能挂在树上九个小时吗?"有记者问。

"真是奇迹。"我说，"真难以相信。"

"告诉你吧！后来孩子说了，原先她下面还挂了外婆，外婆在水里托着她，托了几个钟头，实在撑不住了，临松手，对孩子说：'娃娃啊！要是外婆被水冲走了，你可拼命抓着树，别松手！别松手！'"

◆

想起那位西安老友的话。

我们都是人质，只要离开爸爸妈妈、爷爷奶奶、外公外婆，就会牵着他们的心，成为一种"人质"。

每个被爱的人都是"人质"，每个爱人的人都是"赎金"。赎到最后，把自己也贴了上去。

迟到的母爱

那女主人一天到晚不在家，
不照顾孩子，也不管丈夫，
连孩子都不认她这个妈，
哪一天女管家取而代之，
该怪的不是别人，是她自己!

"老师说便当是妈妈的爱心，带来一定要吃完。"晚餐时女儿对我说。

"老师讲得真对。"我马上附和。

女儿却一翻白眼："可是我旁边的同学说她的便当不必吃完，她可以剩下来倒掉。"

我一怔："为什么?"

"因为她的便当不是妈妈的爱心。"

我更被吓住了，心想八成是个后母，装很差的东西给孩子。"噢! 很难吃吗?"我问。

"不难吃，但是她家女佣做的，她妈妈从来不做饭给她吃。"

到高雄的一个朋友家去。

才进门，就知道家里有个娃娃。因为满屋子都是玩具，客厅的正中央则有张娃娃床，走近看，娃娃正在睡觉。

"你的……"

"外孙女。"朋友说，"现在你知道我为什么都不去台北了吧！我一天到晚在忙她啊！"

"你女儿不管吗？"

朋友还没答，他上大学的丫头走了出来，笑道：

"女儿当然管，我管，我这个小阿姨管，又喂饭、又换尿布……"

没说完，朋友的太太出来了："得了得了，多半是我管，他们懂什么？"这下把我搞糊涂了，又不太敢问，怕朋友的女儿，那娃娃的妈妈，是才生，就离了婚。

大概看出我的狐疑，朋友笑道：

"你别瞎猜，只怪我们自己不好，把女儿养得太娇，生了孩子，还是要睡懒觉，睡到十二点，下午再出去教课，两口子又爱玩，所以把孩子放我这儿，一个礼拜来看一次。"

这时候娃娃哭了，做外婆的赶快冲过去，抱起来哄着："'婆婆妈妈'来了，不哭、不哭！"

接着指挥丈夫："快！公公爸爸，去拿奶瓶来。"又指挥女儿："阿姨妈妈，把尿布递给我。"又低头对娃娃说：

"不要哭，你的'妈妈阿姨'和'爸爸叔叔'，再过两天就来看你了。"

◆

到新加坡去，几个年轻朋友跟我提起当地许多家庭聘请印尼的女管家。有些女管家居然跟男主人好了起来，鸠占鹊巢，把女主人赶了出去。

"我非常痛恨那些女管家，太不像话了，"一个女学生说，"那男主人也差劲，居然会跟女管家搞在一起。"

但是话锋一转，她笑笑：

"现在，我的想法改了。"

大家全看她。

她又笑笑："因为我前些时去一个阿姨家，她的小孩哭，她把孩子抱起来，左哄右哄，孩子哭得更凶了，她居然一气，把孩子扔在地上，这时候女管家跑了过去，才把孩子抱起来，娃娃就不哭了。"撇了撇嘴，"那女主人一天到晚不在家，不照顾孩子，也不管丈夫，连孩子都不认她这个妈，哪一天女管家取而代之，该怪的不是别人，是她自己!"

◆

这女主人又使我想起一位小学老师对我说的事。

"我班上有个小孩不用参加早自习。"

"为什么?"我问。

"因为他妈妈每天一早就来学校,借教员休息室教她小孩。"

"为什么不在家里教呢?"

"因为离了婚。"老师说,"妙的是,离婚之前她一天到晚出去玩,不管家,孩子功课烂透了,夫妻老吵架,吵到离了婚。大概她后悔了,所以从离婚后,就每天一早,到学校教她的孩子。"

老师叹口气:"有时候天很冷,又刮风、下雨,看她教完孩子,带孩子坐在楼梯上,两个人搂着,真令人心酸!"

◆

二十五年前,我在《萤窗小语》里写过一篇文章,说天下没有不爱子女的母亲,在子女心中,母亲都是伟大的。

居然从文章发表,就接到许多抗议信,每封都是孩子写来的,责怪自己的妈妈不像妈妈。

"我从来不觉得她关心我,她甚至没正眼看过我。"

我记得很清楚一个女孩子恨恨地写着:"我昨天送她一张我的照片,是一早塞进她门缝的,我要她看看我已经长这么大了。"

◆

自从听了那位老师说的"后悔的妈妈",我就想,如果以后我再收到读者骂妈妈的信，我应该把那故事转述给他听。

我也要把这故事告诉每个忙碌的妈妈。

妈妈的抚摸是煦日；妈妈的眼神是明月；妈妈的语言是春风；妈妈烧的饭是浓浓的爱……

母爱可能被忽略、被遗忘，但是有机会，母爱一定能被唤醒。

只是，千万别让孩子等太久，免得嫌晚了。

你不疼他谁疼他

夫妻这么久，也真不容易，
没能力也没情绪再谈另一场恋爱。
坏老伴，也是个伴儿，
不是吗？

看北极的动物影片。

一群刚生不久的小海狮，挤在海边的岩石上。

风大，一个接一个巨浪打上来，激起白白的水花。

小家伙们好像已经懂事，伸着脖子，望着波涛汹涌的大海，浪打过来，就低一下头，接着，又闪着乌溜溜的眼睛看着海洋。

傍晚，一只只母海狮回来了，躺在岩石上，把两鳍张开，让孩子抱着吸奶。

其中一只小海狮却孤零零，没人理，嗷嗷地叫着，一扭一扭，扭到其他母海狮的身旁，发现不对，又转头扭到另一边。只是每次扭到"别人家"，就被吼了出来。

电影的旁白说："浪太大，不知道小海狮的妈妈是不是出了事。如果死了，小海狮也活不了，看样子只好由摄影队带去给保育单位了。"

但是接着，旁白又说："还是等等吧！等明天早上再来看。"

下一个镜头已经是第二天。

外景队又来到海边，镜头里老远就看见一只母海狮，正拥着那只可怜的小家伙喂奶呢！别的海狮则都不见了。

"大概这妈妈游得远，回来晚了，"旁白说，"瞧！那小海狮，多高兴啊！"

◆

看爱尔兰牧场的影片。

说是"牧场"，其实只是一大座山头、一大片草地。

好多好多白白圆圆的绵羊低着头吃草。还有好多小绵羊，正偎在母羊的肚子下吸奶。

换了个镜头，是只死掉的母羊。因为难产，羊宝宝虽然生下，母羊却死了。

又换了个画面，是另一只生产的母羊，和它死去的小羊。

一边是死了妈妈的孩子，一边是死了孩子的妈妈，正好凑到一块儿。电影的旁白说："可是，没有一个羊妈妈愿意喂别人的羊宝宝，所以得用点技巧。"

只见牧羊人用刀在小羊尸体的脖子、屁股和四条腿的地方各划一刀，居然从颈子那里用力一扯，把整张羊皮像件毛衣似地脱下来。

接着，又把那"羊皮衣"给死掉妈妈的小羊穿上。多么巧妙又多么残酷啊!

一只死了宝宝的母羊，以为在喂宝宝吃奶，岂知那是别家的羊宝宝，而且穿了它死婴的皮。

牧人对着镜头笑道："如果不这样做，母羊是不会喂奶的，但是这样一个礼拜之后，把死羊皮脱掉，母羊还是会喂。"

因为小羊吃这"养母"的奶，身上已经有了"养母"的味道。

◆

岳父大人过生日，四个女儿都赶来庆祝。

老幺一进门，就先到厨房，放了四只玻璃杯在台子上，又都倒满开水。

"你怎么知道大家都喝白开水呢?"我问她。

"不! 我先生喝的，他不喝生水 (在纽约多半人喝生水)，所以我先倒好，等凉，他好喝。"

老三也在厨房，一边切芒果，一边跟我聊天，她先把芒果切两半，拿掉核，再各划几刀，翻过来，斜着把一方块一方块的芒果切到盘子里。

不小心，一块掉在台子上，她赶快捡起，放进嘴里。

再转身，端起盘子，进客厅，放在丈夫面前。

◆

又见老二匆匆忙忙走进来，倒了杯水，走向地下室。

下面正传来厮杀的声音，年轻时想必是乒乓球高段的老岳父，正跟二女婿交手，两人你来我往，谁也不让。

"女儿追到了，不必客气了。"不知是谁在笑。

"喝点水吧！出了那么多汗！"听我的二小姨子喊。

我走下去，好奇，她是叫爸爸喝水，还是叫丈夫喝水。

两个人都没喝，还在打，只是二小姨子站在她丈夫背后。

◆

吃晚饭了，妻烤了一只八宝鸭，小小的鸭子，很香，躺在一个大大的盘子里。只是，少了一条腿。

再看，那条腿已经放在我的盘子里。

"你怎么这样？"我小声怨她。

"你比较辛苦嘛！"她居然大声说。

◆

一位熟识的老人病了，病得很重。

多年不见的儿子，带着妻女从美国赶回去探望。只是，才在病房出现一次，就开车，带着老婆孩子去环岛旅行了。

旅行归来，又去了一次医院，说："我们要顺便去一趟日本，然后直接回美国。"

儿子才离开，躺在床上的老太太就哭了。

"不哭！不哭！"老先生拍着她的手，"当初我不是也从四川把你从你妈身边带走，一走就没回去过吗？"

◆

一位老同学，总开车带我去打球。又总是在一路说他太太的不是。

起初，我就劝，所谓"劝和不劝分"。可是我愈为他太太说好话，他愈骂得厉害，好像他们维持到今天，他忍那么多，都因为看我的面子。

有一天，我火了。说："既然你老婆一无可取，你们又没孩子，就离吧！早离早心安。"

他怔了。一路没再说话，之后也没再提他的"恶妻"。

只是隔了一阵，他一边开车，一边喃喃地说：

"夫妻这么久，也真不容易，没能力也没情绪再谈另一场恋爱。"他转过头，笑笑："坏老伴，也是个伴儿，不是吗？"

◆

　　跟这老同学相似。

　　有个母亲对我抱怨她的儿子。

　　"跟他那个混蛋老子一样，不上进。"她骂，"早知道，把他拿了，也不会妨碍我，到今天没再嫁。"

　　我摇摇头，对她说："你应该觉得自己满有勇气，那男人虽然跑了，你却能坚持地把孩子生下来。"

　　"是啊！"她说。

　　"你为他真是牺牲不少。"

　　"是啊！"她说。

　　"其实你儿子在你这样的婚姻情况下，也很辛苦。"

　　"是啊！"她说，"他一出什么错，老师就说他是单亲家庭，欠管教。"

　　"老师不肯定他，同学也不肯定他。"我又说。

　　"是啊！你说他有多讨厌？"

　　"当全世界都不肯定他的时候，"我突然把音量放大，"你，他的妈妈，能不肯定他吗？你，他的妈妈，能不支持他吗？"

　　跟我的老同学一样，她也怔住了，突然掩面哭起来。

　　三个月之后，接到她的电话。

　　"从那天起，我不再骂他，"她在电话那头说，"我只爱他、支持他。"

◆

　　各人养的各人疼、各人生的各人爱。

　　谁能指望孩子爱父母，胜于爱他的另一半和他的子女？

　　谁能指望，我们迷失的孩子，我们不去寻找、不去疼爱，而由别人找、别人爱？

　　想起古诗里的"入门各自媚，谁肯相为言？"好像看到一栋一栋的小房子，每个窗里都闪着温馨的灯光；每个烟囱里，都冒出属于那一家的菜香；每个眠床上都有着一生的恩恩怨怨、爱爱恨恨，以及那"我不疼他，谁疼他？我不原谅他，谁原谅他"的情怀……

弯腰跳的华尔兹

弯腰跳的华尔兹

她会跪在我的床前哭。
她会蹲在我的墓前，
为我的花瓶插上鲜花。
她会坐在我的坟前，
想我们过往的岁月。
她会躺着、睡着、梦着，
梦到我带她跳过的这曲华尔兹。

看林肯中心的歌剧转播，男女主角翩翩起舞，音乐奏的居然是我常带女儿跳舞的那曲华尔兹。

我不会跳舞，大概只在谈恋爱时，跟妻参加学校舞会，跳过一两曲。

我对音乐也不内行，带女儿跳，不是放音乐，而是随便哼我熟悉的旋律。

现在，电视里居然奏出这首曲子，赶紧把在旁做功课的女儿拉起来："快! 这是我们跳舞的音乐。"

才两个月没跳，她居然又长高了。记得以前，她还是小奶娃的时候，我总把她抱在怀里，一边搂着，一边拉着她的小手跳，虽叫"跳舞"，实际她的脚根本没碰地。

这两年，她可以自己跳了。但因为矮，我只能站着，拉着她的手指尖，让她左一圈、右一圈，好像个陀螺在打转。

"电视里是搂着腰跳的!"女儿居然盯着荧屏，对我说，"不是光拉手!"

只好弯下腰来，左手牵着她的手，右手搂着她的腰，一步一颠地跟着她跳。那歌剧里的舞曲还真长，跳下来，直喘气。

"爹地很差。"女儿说。

"不是爹地差。是你太小，又要爹地搂你的腰，弯着身子，很累!"

"我很快就会长得跟你一样高，你就不累了!"

"爹地还会累，因为爹地就老了。"

女儿上床睡了，过去弯下身子亲亲她，发觉刚才这一舞，真还有点伤了腰。

走回客厅，有些黯然。瞥见酒柜上放着的女儿小时候的照片，感慨良多。

觉得生命真奇妙——似乎就在重复着"躺、坐、蹲、跪、站"的动作。

孩子出生的时候，我常躺在床上逗她。

然后，她会爬了，我总坐在走廊的另一头，叫她爬到身边。

当她开始走路，我又改坐为蹲，蹲着搂她，再把她抱起来，举到空中，让她发出一连串咯咯的笑声。

她上幼稚园时，妻还在工作，每天很早出门，由我伺候小鬼起床。我总是跪着，为她穿衣服、扣扣子，亲一亲，再送去吃早饭。

现在，我则弯着腰，忍着背痛，陪她跳舞。想，跳着跳着，她长高、长大、谈了恋爱，等她能让我站着带她跳的时候，她也就跳进了别人的怀抱。

之后，她有了她的家，她的孩子，只怕难得回来。

回来时，或许我躺着，她站着，站在我的病床边。

最后，我走了，永远离开她。

或许：

她会如我现在每天晚上睡前亲她一样，弯下腰，亲亲我，说那句我对她说过千百次的话："好好睡吧!"

她会跪在我的床前哭。

她会蹲在我的墓前，为我的花瓶插上鲜花。

她会坐在我的坟前，想我们过往的岁月。

她会躺着、睡着、梦着，梦到我带她跳过的这曲华尔兹。

谁说女儿是人家的？

她每天都得背弟弟，

有一次弟弟被蚊子咬了许多包。

她的爸爸抱着弟弟用藤条抽她。

"不要打了，不要打了！"她趴在地上哀求……

小时候，我家对门住了一位著名的书法家，我至今不知道他的名字，但相信他一定非常有名，因为连我不怎么收藏书画的父亲，都特地托人到香港买宣纸，又备了份厚礼，送去请"大师"挥毫。

记得有一天，大师的孩子和孙女，趁家里没人，叫我过去玩，还带我参观老爷爷的书房。

大师的孙子又跑又跳地冲进书房，我也追了进去，却见那小女生跑着跑着，突然在门前停下来。

"你为什么不进来？"我问她。

小女生没答话，摇摇头。

"不要管她。"小男生喊着，"她是女生，不能进来。我爷爷会打她！"

我诧异极了，想不通为什么孙女不能进爷爷的书房。

初中的时候，有一次开小学同学会，大家去阳明山，下山时看见一辆手推车放在路边，两支"推杠"斜斜地靠在地上。

我们这批正值最顽皮年龄的男生，用跳低栏的方式，一蹦一蹦地跳过那"两根棍子"。

女生觉得很有意思，也跟着跳。

突然，有人发出一声怒叱："死女小鬼！不要乱跳！"

我又怔住了，为什么男女生都跳，那人却只骂女生呢？

隔了不久，有一天我在台北中山堂附近的"文化走廊"逛书摊。那时的书摊很简陋，只是铺一大块布，再堆些书上去。

人很挤，我绕过一个又一个摊子，有时候甚至是用跳的，跳过地摊的角落。

突然听到个粗粗的男人的声音："死丫头，你怎么站的！"

一个十五六岁的女孩，不解地看着那个骂她的男人。

"还不把脚拿开？"男人又吼过来。

原来只因为她的两只脚，正好站在地摊角落的两边。她的胯下对着的，没有书，只是那块"摊子布"的一个角落。

又过一年，我上了成功中学，每天穿过金山街的违建区去上学。那里的巷子很窄，许多居民从两侧房檐拉上绳子，晾衣服。

我有位同学，总是一边走，一边往上看，避过所有女人的裤子。有时候看到一串裤子，全是女人的，竟然要绕道而行。

"为什么这样?"我问他。

"你怎么连这个都不懂?"他面色严肃地回答，"从女人裤子底下走，会倒霉!"

"谁告诉你的?"

"我妈!"

许多年后，我做了电视记者，有一次去韩国采访。

在釜山的餐馆，跟位女记者吃饭。

穿着韩国长裙的女侍，送来一碗面，没等我表示，就放在我的面前。

我赶紧把面端起来，放在对面女生的前面。突然，那已经转身要走开的女侍，好像触电一样，又回来把面端回我的位置。

我至今都无法忘记，那女侍两只手不停地挥，不断说"NO! NO! NO! NO!"的表情，好像我要女生先吃，是犯了多大的忌讳。

最近读台北女权会策划的《消失中的台湾阿妈》，勾起我的这些记忆。

多么感伤! 看书里一位又一位阿妈，走过大半个人生，吃了许多苦、吞了多少泪。她们得到什么？

她们好像只是藤蔓，攀在父亲和丈夫的身上。父亲死，就得辍学。丈夫死，就生计无着。就算父亲不死，在父亲眼里，这些"女孩子"，也常是别人的人，甚至早早就送出去，给别人做"媳妇仔"。

至于祖父，更甭提了。书中第一段故事，客家女诗人杜潘芳格就说：

"我是长孙女，所以一心一意想得到祖父欢心，但是他都不看我，他是封建时代的人，重男轻女，认为女孩子将来是姓别人家的姓……"

我停下来，想"他都不看我"这句话，仿佛见到一个狠心的老人，从可爱的小女生身边走过，却连眼角余光都不会往下看。也想起一位女士对我说的，她小时候每天都得背弟弟，有一次弟弟被蚊子咬了许多包。她的爸爸抱着弟弟，用藤条抽她。

"不要打了！不要打了！"她趴在地上哀求。

我连听她叙述，都几乎掉下眼泪。我的心里在喊："难道女儿就不是人吗？为什么过去对男孩和女孩，有这么不平等？"

何止过去？现在又真平等了吗？

今天早上翻开报，看到一则短文，说中国有百分之十的父母，把产业传给儿子，而不传给女儿。

"这是真的吗？"我打电话，问了好几个朋友。

"当然是真的！女儿是人家的，嫁出的女儿，泼出的水。"

"是真的！因为女儿在出嫁的时候，已经拿了嫁妆，要给女儿的，那时候都给了。"

"不全是真的！女儿也常会分到一点，意思意思，不像儿子那么多，毕竟儿子姓自己的姓。"

其中最引人深思的，是说：

"每一家都是女儿分得少，儿子分得多。也可以说，每一家的丈夫都继承了父母较多的财产，太太继承的较少。这样平均起来，不就公平了吗？换句话说，如果只有一家，分给儿女的一样多，反而造成了不公平。"

于是，我也就渐渐能了解，为什么中国人的父母，常跟着儿子，不跟着女儿。既然一开始就把女儿当外人，分给女儿的产业也少，自然不好意思跟女儿。

只是大家有没有想过，过去农业时代适用的方式，今天是否还适用呢？就算可以施行，它又合不合人性？

女儿出嫁之后，如果孩子病了，自己组成小家庭的"她"，比较会向"婆婆"，还是"自己的妈妈"求援？

"婆婆"和"自己的妈妈"比起来，谁会有更大的意愿，来帮助这求援的孩子？

一个是帮媳妇，那个抢了她儿子的女人；一个是帮女儿，自己生育的骨肉。

如果是你，你挑谁？

我的一位朋友说得好——

"要我岳母帮忙很容易，你不要直接请岳母做，只要当着岳母，叫太太做。如果工作太重，岳母疼女儿，自然会帮忙。"

这也使我想起一位老先生说的话——

"我病了，拉屎拉尿都在床上，连洗澡，都得人帮忙。儿子不会做，也不愿意做，只好求媳妇。多不好意思啊！"说到这儿，老先生叹口气，"有时候女儿来，帮帮我，毕竟是自己养大的孩子，就不会那么不好意思……"

怪不得，美国人有一种房子，上下两层，各有卧室、厨房和大门，却又在里面相通。

这房子的名字很特殊，叫"母女屋"。

为什么不叫"母子屋"呢？

我不打算说儿子、女儿谁好。也不能建议在家跟着"哪一方"住。毕竟传统的习惯，能造成"一致性的公平"。

但我常望着自己女儿，心想："你将来会是别人的人吗？你从出生，就不属于任何人，就是你自己，你永远是你，也永远是我女儿。"

我的母亲、岳父、岳母，都跟我同住。我常对一家人说："这是大家的家，儿子、女儿一样好！"

我的母亲以前有点重男轻女，孙女刚出生时，她看娃娃在哭，也不管，只摇摇头："我老了！管不了了！"

后来，娃娃对她笑。老人家开心了，说：

"嘿！奶奶这么老、这么丑，你还对奶奶笑，表示奶奶还能多活几年。"然后一大早，小丫头就被岳母抱进奶奶房间，二老一起照顾。

最近，老奶奶更想通了一件事，有一天对小丫头说：

"听说不是美国出生的，不能当美国总统，你哥哥是没希望了。看你了！好好加油，为咱们家争口气，当他个美国总统！"

看吧！谁说女儿是人家的人？

有爸爸多好

就在掰开的一刹那，
仿佛总会听到父亲的声音：
"瞧！这就是真枣泥！黏而不腻。"
也总听见小店老板骂道：
"放你妈的狗臭屁！"

"刘小弟要不要吃糖？"

小时候，每次跟父亲到胜利点心铺，胖胖的老板总会先拉我到门口一排高高的糖果桶前面说："自己拿！自己拿！"然后，不必等我动，他已经两手各抓一大把，往我裤袋里塞。

虽然才六七岁，我已学会了客气，躲躲闪闪的，没等糖放好，就往父亲身边跑。一边跑，糖一边掉，胖老板则跟在后面捡，气喘吁吁地再往我怀里塞。

父亲在中央信托局上班，办公室在武昌街，离衡阳路的胜利点心铺不远。他跟老板很熟，常把同事往店里带，还得意地说那些点心是由他建议改进的，胖老板则猛点头说：

"可不是吗! 可不是吗! 这一改, 味儿更对了!"

"胜利"卖的都是"京味儿"的北京点心。最让我难忘的是"翻毛大月饼", 大大的、白白的, 上面印朵红色的小花。我总是小心翼翼地捧着, 因为稍一碰, 月饼皮就会层层像羽毛似的掉下来, 掉一地, 被母亲骂。

父亲常为我用刀切开, 切成小块儿, 容易放进嘴里。有时候切枣泥馅的月饼, 切完, 刀上粘了些枣泥, 父亲还把刀放进嘴里, 舔干净。一边说:

"这是真枣泥! 真正红枣做的, 很贵很贵!"

那枣泥确实好吃, 不太甜, 却有一种枣香, 和着像鹅毛般的皮儿一起嚼, 感觉特殊极了。我尤其记得, 有一次没等父亲切, 自己先掰开一块, 虽然成了两半, 那枣泥却丝丝相连, 拖得好长。

"瞧! 这就是真枣泥!"父亲说, "黏而不腻。"

◆

我九岁那年, 大家正准备买月饼的时候, 父亲却咽下最后一口气。从那年, 我没再进过"胜利"。

母亲不带我去, 说"胜利"的东西太贵, 老子死了, 吃不起。月饼哪里都有, 随便买几个, 应应景, 就成了。

有一回, 我们到家附近的点心店买了几个枣泥月饼, 我当场掰开一个, 没有丝, 一丝也没有, 根本是豆沙。

"这是假枣泥!"我说。

那老板居然当场变了脸色，大声骂道："放你妈的狗臭屁!"

母亲一声不响地拉我走出店，还教训我："你怎么指望这种小店卖真枣泥呢？你老子活着的时候，真把你惯坏了!"

我没吭气，只是心想，他骂我妈，我妈为什么不生气？爸爸在就好了!

还有一件让我不解的，是每次我去小店买糖，虽然只是最便宜的烂糖，那老板却在他的脏手里，数来数去。为什么"胜利"的胖老板，大把大把地抓糖，他从来不数呢？

◆

三十五年了，一直到今天，每次妻买了枣泥月饼回来，我都会把它先掰开来看。

就在掰开的一刹那，仿佛总会听到父亲的声音：

"瞧! 这就是真枣泥! 黏而不腻。"

也总听见小店老板骂道："放你妈的狗臭屁!"

然后，我会把小女儿叫来，搂在怀里，一边喂她吃月饼，一边对她说："有爸爸，多好!"

美丽的结束

由年少轻狂时的"只要我好"，
到恋爱激情时的"只要你好"，
到拖家带眷的"只要他们好"。
到有一天，
把自己完全地遗忘。

岳父大人自五年前去过迪斯尼乐园，似乎就跟那里结了仇，一提到就火大：

"没意思！热！又全是骗小孩的玩意儿！"

于是，当我去年年底提到今年春天再去迪斯尼，老人家想都没想，就一挥手：

"你们去！我看家！"

我没吭气，口头上虽不再强邀，私底下却仍然在安排。又找了个不下雪的日子，带老岳父去电器行，买了架最新式的摄像机。

"以前都是我用机器拍，镜头里只有你们，没有我。"我把机器交给老人家，"现在这一架，后面有个三寸屏幕，您眼睛虽然不好，也看得清楚。以后机器给您，由您掌镜，里头就有我了。"

老人先还推辞，听我这么说，才高兴地收下。

从那天开始，便见他提进提出，四处找画面。有时我跟女儿玩，突然发现角落里有个人影，原来老岳父正在偷偷拍摄呢。

更妙的是，提到迪斯尼，也没仇了，不但没了仇，眼睛里且闪着奇异的光彩。嘴上虽还客气说太浪费，私底下却听他跟外孙女说：

"你去迪斯尼，公公给你摄影。"

果然，这七十四岁的老人家，真返老还童地成了摄影师。总见他背着包，弓着背往前冲，然后转身举起机器，拍我们一家的画面——尤其是他的外孙女。

◆

迪斯尼的四天，一下就过去了。

临走，在旅馆大厅，我问小女儿：

"迪斯尼乐园什么地方最好玩啊？"

"米老鼠家那边的滑滑梯和电影城里可以爬上去玩的大蔬菜最好玩。"小丫头说。

一家人都愣了，没想到那么多坐车参观的"鬼屋"、"小飞侠"和"未来世界"，在小丫头心中，竟然都比不上她自己爬上爬下的滑梯和大蔬菜。

"爸爸，你觉得哪里最好玩呢?"小丫头回问我。

想了想，我说："我觉得能带着你，又能带着公公、婆婆，还有你妈妈一起玩，最有意思。"

"公公说! 公公说!"小丫头又转身喊，"公公觉得哪里最好玩?"

"公公没有玩，公公给你摄影，看你在镜头里玩，最好玩!"

"爸爸真不简单!"我对老岳父说，"这么大年岁，居然都跑在前面。等我到您这个年纪，绝对比不上您!"

没想到小女儿又追着问:

"等爸爸像公公那么老，公公还要不要来玩?"

老人家一笑："那时候，公公早死了哟。"

四周的空气似乎僵住了，幸亏接我们去机场的巴士开过来。

◆

车子很大，除了我们一家，还有另一对"夫妇"——一位灰白头发的老太太和一个满脸大胡子的老先生。

老太太是让老头子半扶半推才上车的。一路上却听老太太一个劲地发号施令:

"把那两个玩具放进中袋子里，再把中袋子放进大袋子里，三件并一件，多方便! 听话! 听话!"

我转身看他们，老太太朝我一笑，指着大胡子为我们介绍：

"这是麦克，我的Baby。"

我吓一跳，原来那大胡子竟是她的儿子。那么老的儿子，还要叫做Baby？

"你们玩了几天？都玩些什么啊？"我用问话掩饰自己的惊讶。

"我们不玩，只用了三天，走走！"老太太一颤一颤地点着头，"我老头子早死了，儿子也好几个孩子了。但这一次，我们谁都不带，就母子两个人。走走！走走！想想以前，我和先生牵着他来迪斯尼的时候。"叹了口气，老太太突然又笑了，笑得好开心："唉！人生如梦，我们重温旧梦。"

◆

小时候，我们心里最重要的，就是"我"。我要"自己"玩，才有意思。

然后，我们长大了。有了朋友、有了另一半，要结伴玩才有趣。

然后，有了孩子。年轻的父母带着孩子一起疯、一起玩，多过瘾！

然后，我们步入了中年，如果能牵个小的，带个老的，一家三代，一起出游，虽然拖拖拉拉，谁也走不快，但这种感觉，这种"成就感"就是满足。

再然后呢？

　　我们老了，玩不动了，只能静静地看、慢慢地走，看年轻人奔跑跳跃，小孙子、小孙女又跳又叫，我们好像进入梦境，模模糊糊的，只觉得好温馨、好泰然。

　　缓慢地、缓慢地，缓慢的动作、缓慢的笑。然后，像逐渐停下的电影机般，是静止的画面。看笑容静止在时空中，让记忆里的一切美好凝固。

　　生命真是奇妙——

　　由年少轻狂时的"只要我好"，到恋爱激情时的"只要你好"，到拖家带眷的"只要他们好"。

　　到有一天，把自己完全地遗忘。

　　那是多么美好的结束。

各人养的各人爱

我仿佛看见，在夕阳中，
明明暗暗的小巷子里，
一个慈爱的母亲，
抱起她脑性麻痹或先天愚型的孩子……

陪女儿去学溜冰，更衣室里一片壮观的景象。几十个六七岁的娃娃坐在椅子上，每个娃娃面前跪着一位妈妈或爸爸。

冰鞋硬，怕磨破脚，先得为孩子多穿一双袜子，再把鞋带拉松，让小脚丫伸进去，然后用力推，看脚完全穿到了鞋子里，再慢慢地，把鞋带弯过来绕过去，绑紧了。

"非绑紧不可，否则小脚丫在里头动来动去，容易伤到脚踝。"妻一边绑，一边说，"又不能太紧，会不舒服。"

跟着一群娃娃进场了。每位父母都陪着孩子走到入口，看孩子踏上冰，刷一声，头也不回地溜到场子的另一端。好像电影里见到的南极企鹅，在大企鹅的簇拥下，小企鹅一一从冰崖跳进水里，开始它们第一次的优游。

音乐起了，奏的是《粉红豹》。一群娃娃跟着老师，随着节拍向前滑。虽然已经不是最初级，许多孩子还是会摔跤。

每次摔，便听见场边一声惊呼。想当然那不是他爸爸，就是他妈妈。

孩子穿得很少，爸妈穿得很厚。但是孩子在动，不觉得冷，那些旁观的父母可就个个冻得直发抖了。

虽然离场子不远的休息室里，有热咖啡，还有几组沙发，围着熊熊的火炉，却不见一个父母躲进去。他们守着，因为随时都有摔痛了的孩子，会扑到场边父母的怀中哭。哭一阵，笑了，又啾一声，溜进场子。

下课了，我最先出来，站在门口，看里面拥出的人群。孩子们因为运动，红扑扑的脸上露出兴奋的笑。旁边站的父母，鼻子冻得红红的，眼睛里则是亮亮的——因为太冷，而冻出了眼泪。至于膝盖上，都是灰灰白白的——因为跪在地上为孩子脱鞋。

"我女儿今天摔了三跤。"一个爸爸说。

"真的啊！我没看到吔！倒是我儿子摔惨了，摔了五次呢！"

每个人都说得出自己孩子摔了几次。因为，每一跤，都摔在父母的心上。

复活节快到了，为女儿买了一个大大的兔子布偶。长长的耳朵，圆圆的眼睛，粉红色的鼻子，还穿着裙子和裤子。

　　小丫头爱极了，不但夜里抱着睡，还抓着兔子的"手"，教它写字。写完字，把这大兔子放在一边，又找来许多小的布偶坐在对面，中间放本图画书，意思是大兔子已经升格——做了老师。

　　女儿去上学，来了个带小孩的朋友。四岁的娃娃什么都不爱，偏偏看上这只大兔子。哭！不肯走。

　　"送你好了！"我说。话才出口，就暗想："糟糕！"那朋友倒不客气，立刻叫孩子说谢谢，高高兴兴，抱着兔子走了。

　　"怎么办？"我问妻。

　　"凉拌！谁让你穷大方，看你怎么跟女儿交代。"

　　眼前浮现一个惊天动地的画面。我赶紧请妻开车，去原来那家店，又买了只一模一样的大兔子。

　　小鬼放学了，扔下书包，就去抱兔子。先对着它说话，又坐在沙发上搂着亲。

　　突然叫了起来，把兔子左翻翻、右翻翻，扔在一边喊："这不是我的兔子。"

　　"是啊！"我装作惊讶的样子。

　　"不是！"小丫头吼，"我的兔子手上破了一点，头后面还有一块巧克力弄脏的地方。"

　　"这个没破、没脏，不是更好吗？"

　　"我要破的、脏的！"小丫头居然大哭了起来，"我要我的贝比！"

　　于是，我们不得不再冲出门，拿新兔子去朋友家，换回旧兔子。

朋友的小孩也哭了，说比较脏的，才是她的兔子。

想起儿子在启智中心当义工的时候，每天傍晚都要跟着校车，送残障的孩子回家。

"那些父母好怪，当他们把孩子接过去的时候，会露出很不好意思的表情，好像觉得有残障孩子是丢人的事。"儿子刚去的时候，在电话里对我说。

可是隔了一阵，他改口，说他错了：

"我发现那些父母把孩子接过，转身走进巷子，跟着就把孩子抱起来，又搂、又亲。有些孩子总在流口水、流鼻涕，他的父母就对着那口水、鼻涕亲。"

北方乡下有句土话："一畦萝卜一畦菜，各人养的各人爱。"

看女儿寻回她那既有破绽又有脏斑的兔子时兴奋的模样，看溜冰场边瞪大眼睛盯着子女、每次孩子摔倒就发出惊呼的父母，都让我想起这句北方的土话。

还有那台南乡间，残障孩子的双亲。

我仿佛看见，在夕阳中，明明暗暗的小巷子里，一个慈爱的母亲，抱起她脑性麻痹或先天愚型的孩子，又搂、又亲，亲在口水上、鼻涕上……

那一点都不脏，那很美！

爹地的小女儿

长发一晃，裙脚一甩，
高大壮硕的背影、父母永远心中的最爱、小小的恋人，
丢下一声"拜拜"，
竟飞出门去。

少年时交女朋友，最怕碰到两号人物。

第一，是"她"老爸。电话那头，闷沉沉一声："你是谁?"吓得小毛头连名字都忘了。

第二，是她老哥，咔咔咔咔，一串重重的木屐声，就知不妙。门打开，探出个横着眉的大脸，另加一双粗黑的手臂，把着门两边。

"你是老几? 敢泡我老妹?"下面的话，不用他说，小子自当知道——"下次再敢来，给你一顿臭揍!"

至于她老妈，是不用担心的，啰嗦归啰嗦，骨子里却善。她可能问你祖宗八代，原因是已经设想，将来把女儿嫁给你。她也许把你从头到脚，瞄了又瞄，但那"审阅"里，多少带些"欣赏"的意思。怪不得俗话说："丈母娘看女

婿，愈看愈有趣。"却几曾听说，"老丈人看女婿，愈看愈
有趣"的呢？

妙的是，当小女生找男生的时候，这情势就恰恰相反
了。"他"的老爸总是和颜悦色，眼里带笑，他的老妈，可
就面罩寒霜、目射电光了。

碰到他老姐、老妹，更不妙，冷言冷语，不是带酸，就
是带辣，尤其站在他老娘身后，小声小气地说暗话，最让小
女生坐立难安。无怪乎，自古以来，就说"婆媳难处"、
"小姑难缠"，却少听见"公公难对付"这类的话。

这一切，说穿了，就是同性相斥、异性相吸。婆媳、岳
婿是如此，父母和子女之间也一样。

父亲常疼女儿，妈妈常疼儿子，这虽不是定律，占的比
率总高些。心理学更有所谓儿子仇父恋母的"伊底庇斯情
结"和女儿恋父仇母的"依莱特拉情结"，尤其是到了十三
四岁的青春期，情结愈表现得明显。

这时节，女儿和儿子，在父母的眼里，也愈变得不同。
过去挂在脖子上的小丫头，一下子，成了个羞羞答答的少
女。表情多了，心里老像藏着事，愈惹父亲猜怜。女儿大
了，似乎愈来愈能取代她的母亲，学会了管爸爸，也能下
厨、洗衣服、照顾老子，甚至跟父亲谈心。

这时候的父亲总是中年了，青年时夫妻的激情，已经归
于平淡；中年的妻子，语言变得不再那么婉约，容貌也不再
如年轻时的清丽。突然间，在女儿的一笑中，父亲竟然发现
了他恋爱时妻子的娇羞。在女儿一甩长发的刹那，老男人竟

然回到了五陵白马的少年。

儿子在母亲的眼里，也是这样。小捣蛋，曾几何时变成鸭嗓子，又曾几何时，粗壮了胸膛。朋友打电话来，直说分不清是男孩子还是男主人的声音，连自己打电话回家，儿子接，心里都一惊，这孩子多像他爸爸！

而他爸爸已经秃了头、挺了肚子。有时候，丈夫不在家。只儿子一个人陪着，反觉得更有安全感。

揽镜悲白发，为自己的青春将去，皱纹难掩，正伤怀的时候，儿子突然从后面把老妈一把搂住，说妈妈比外面女生都漂亮，将来娶老婆，就要像妈妈这样的。浅浅几句话，不论真假，是多么开心。

偶然，儿子一句："妈！你穿黑袜子和短裙，真漂亮！"居然，不自觉地，便总是穿那套衣服。经过多年丈夫的漠视，将要失去的自信，竟从这小男生的言语中，突然获得了补偿。

只是，这样可爱的老爸的乖女儿、老妈的乖儿子，那个从自己的春天，伴着走到秋天的孩子，总是把老爸老妈放在心中最爱的儿女，居然有那么一天，遇见一个八竿子打不着的人，带回家来，又急急忙忙，没等父母看清楚，就拉进自己的房间，又拉出大门。

长发一晃，裙脚一甩，高大壮硕的背影、父母永远心中的最爱、小小的恋人，丢下一声"拜拜"，竟飞出门去。

站在门内的，两个已经不够劲直的身影，瞬间怕又苍老了一些。多少不是滋味的滋味，袭上心头，喜的是：儿女长大了，能自己飞了。悲的是：奇怪，这家里的人，过去嫌吵，现在怎么突然冷清了。恨的是：他！她！居然好像把我们从他（她）心中"爱的排行榜"，由第一、二名降到二、三名。

第一名，竟然是那个死丫头、浑小子！

多年前，有个老朋友打电话来，笑说："把别人未来的老婆，抱在自己腿上，真是人生一大快事。"

我惊问，才知他是搂着他自己的小女儿。

也记得年轻时读古人笑话集，说有个老丈人，女儿新婚之夜，与宾客夜饮，突然大叹一口气："想那个浑小子，现在必定在放肆了！"

过去，对这两件事没什么感触，而今，新生的女儿不过四岁，居然总是想起。

多么谑的笑话，却又多么真实！笑中有泪、有不平、有无奈。尤其是那个嫁女儿的老父，一方面强作欢笑地应付宾客，却又难以接受爱女"变成人家床上人"的事实。

曾参加一个朋友女儿的婚礼。向来豪爽不羁、爱开黄腔的老友，挽着女儿走过红地毯，送到男孩子的身边。

当新郎为新娘戴上戒指，女孩子的眼里滚下泪水。回头，她的老父，也湿了眼眶。

只是，我想，他们的哭是同一件事吗？

做父亲的，必定是哭他小天使的离开。

　　做女儿的，是哭与父母的别离，还是感动于"爱的相聚"？

　　跟洋人比起来，中国人闹洞房，要厉害得多，吃苹果、捡豆子、衔酒杯，甚至像《喜宴》电影里的"两人在被窝里脱衣服扔出来"。

　　只是洋人婚礼，有个最狠的节目，外表很美，却蚀到骨子里。

　　杯觥交错，歌声舞影，在新婚宴会欢乐的最高潮，音乐响起，宾客一起鼓掌欢呼。

　　新郎放下新娘的手，新娘走到中央；老父放下老妻，缓步走向自己的女儿，拥抱、起舞。

　　《爹地的小小女儿 (Daddy's Little Girl)》，这人人都熟悉的歌，群众一起轻轻地唱：

　　　　你是我的彩虹

　　　　我的金杯

　　　　你是爸爸的小小可爱的女儿。

　　　　拥有你、搂着你

　　　　我无比珍贵的宝石！

　　　　你是我圣诞树上的星星

　　　　你是复活节可爱的小白兔

　　　　你是蜜糖、你是香精

　　　　你是一切的美好

而且，最重要的：
你是爹地永远的小小女儿……

我常暗暗祈祷，将来女儿不要嫁给洋人。即使嫁，婚礼时也千万别奏这首曲子。

我知道，当音乐响起，女儿握住我的手……

我的老泪，会像断线珠子般滚下来。

拍拍、吹吹、摇摇

不知是因为年岁愈大，
愈有童心，
还是由于生了小女儿，
对于"亲亲"、"抱抱"、"吸吸"、"拍拍"、"吹吹"、
　"摇摇"
这些最简单的动作，
居然也有了强烈的感触。
人是多么奇妙！
从天上带来许多可爱的动作，
随着年龄增长，
把那些动作扩张、变化，
一直发挥到死亡。
谁能说老人家不需要亲亲、抱抱、拍拍呢？
谁能说成人不再吸吸、摇摇、吹吹呢？
当我们去细细体味这些与生俱来的"爱"，
就会发觉自己的"本真"，
发现我们彼此是多么地接近！

拍　　拍

女儿小的时候，夜里爱哭闹，总要抱在身上，拍着入睡。

一天抱着她，背上有些奇怪的感觉，走到镜子前，才发现，原来她搂在我肩上的小手，也正轻轻地拍着我。

我拍她；是希望她早早入睡；难道她拍我，也希望我跟她一起进入梦乡吗？抑或，那轻轻地拍，是一种呼应，告诉我，她感觉到了我的拍、我的爱！

于是我想，那拍，应该是一种天生就会的行为语言，表示"爱"！

但抚爱不更是爱的表现吗？轻轻地抚摸，尤其在背上，是多么特殊的一种感觉，带着一些温暖、一点刺激，引起一种又安全、又兴奋的复杂的感觉，为什么孩子回应的不是抚摸，而是拍拍呢？

拍，是连小动物都喜欢的，尤其狗，当它走到面前，你轻轻拍它的头，那一双小眼睛，就会翻啊翻地，盯着你看。狗不会笑，但由那眼神里，看得出笑。

当然狗也爱被抚摸，只是跟人不一样的，是狗有长毛，所以只能顺着毛摸，由头顺着背脊一路抚摸下去，再重新把手移回头部，向下抚摸。

这下我就想通了，原来"拍"是由"抚爱"变出来的。当我们一下一下地摸，摸的距离短了，不就跟拍相似了吗？

所以拍狗，要顺着毛拍；拍娃娃，如果顺着寒毛的方向，带一点抚摸，那感觉会好上加好。

当然，拍也不限于对娃娃。老师常拍拍学生，表示关爱；父母常拍拍子女，表示疼爱；夫妻常互相拍拍，表示亲爱；朋友常拍拍彼此，表示友爱。连美国的心理学家，都发表了研究报告——

餐馆的侍者，如果有意无意地，轻轻拍拍客人，后来得到的小费常会比较多。

在球场上就更明显了，球员们常拍拍彼此，甚至成为一种仪式般，在比赛开始时，每个人对拍一下手。据说这样有安神的作用。那拍表示的是：不要怕! 有哥们在!

这就使我对"拍拍"又有了一层想法。

拍着和摸着的不同，就像不断闪动的灯和一直点亮的灯，其间的差异一般。把手摸在身上久了，渐渐不觉得他的存在。如果改成拍，则可以意识到对方。

所以父母在娃娃入睡时，不断拍着，娃娃虽不会说话，却能心里知道——爱我的父母正在身边。

于是娃娃拍着爸爸妈妈，或许也就表示——

我知道你在拍我、爱我，我还没睡着，你要继续拍，别走哟!

每次，我抱着娃娃，哄她入睡，拍着拍着，发现她的小手不拍了，小胳膊从我的肩膀上滑下来。

我知道，她睡着了!

吹　吹

小时候，眼睛进了沙，母亲给我吹吹；稀饭太烫，母亲给我吹吹；撞到桌角，母亲也给我吹吹。

后来想起，真怀疑那吹有多大的作用，只是小时候，觉得吹一下，就好多了！

吹，这个动作很妙。没有人能一边吹、一面笑，所以吹的嘴，是很难见到笑意的。但不知是否天生的反应，吹的时候，总会跟着扬眉，那扬眉撅唇的表情，则是充满喜感的。

这一边盯着孩子，一面吹的表情，最进得了孩子的心！

然后，孩子也学会了吹，吹热汤、吹蜡烛。每个人大概都能记得小时候吹蜡烛，大人说先许个愿，再吹。话还没了，孩子已经鼓足气吹过去。如果能一次吹熄一片蜡烛，那就何止兴奋，更是得意万分了。

再长大，吹就有了更多的妙用。吹桌上的渣滓，吹墙角的蜘蛛网，吹女生的头发……

有一次，我从后面吹个长发女生，那女生回头一白眼："有什么冤情？"

那机智和幽默，让我回味了十几年。

吹出来的风，确实有些鬼气。道理很简单，吹是无迹可循的。你可以甩出一个纸团，然后说不是你甩的，但毕竟有个纸团的存在；你可以大喊一声，然后说不是你喊的，但听得出是你的声音。只有吹，一口气吹出去，赶紧把嘴闭上，那风走得比声音和纸团慢许多，当别人感觉到，谁能认出来是你吹的那口气呢？

除非那口气成为有形的东西。

小时候，我的父亲就常为我吹有形的东西，他把碎肥皂放在杯子里用水浸，再伸手进去，不断地捏，不停地搅。然后，拿个竹做的笔套，为我吹肥皂泡。

后来，我在学校附近的小店摸彩，摸到许多香肠形的气球。人小，吹不动，也就拿给父亲。

总记得，当他眯着眼吹气球时，那吹进去的气，嘶嘶且带着一点回音。每吹一口气，气球就大一分，爆炸的危险也就多一分。

有时候气球炸了，父亲居然能用炸下来的碎片，再吹成一个个小小的气球。

父亲过世，到现在三十五年了，我常到六张犁，他的坟头探望。小心地拔掉每一根杂草，再用鞋底蹭去砖上的青苔。

他的坟前，有一棵高大的木麻黄，一根根针叶落在洗石子的坟座上，许多夹在石子中间，拂不去也捡不起来。

我只好用吹的办法，用力地吹，吹得眼睛直冒金星，吹得直掉眼泪……

摇　　摇

不知是否因为当我们做胎儿时，都得在母亲子宫的羊水里摇上十个月。这温馨的经验，使我们天生就喜欢被摇。

小时候，要妈妈摇着入睡，在摇篮里咿咿呀呀。只要一摇，就不再哭，就天下太平。

多么令人不解啊！平平静静，反不如摇来摇去来得美。连长大了，都喜欢摇的感觉，荡秋千，荡摇椅，愈荡愈高，愈惊险，愈刺激，愈过瘾！

或许摇的感觉之所以醉人，就在那份刺激。不论摇在羊水里，或摇在半空中，都有一种脚踏不到实地的"虚悬感"。偏偏在这时候，又能意识到母亲的身体，或结实的摇椅，那虚悬与平安交互产生的感觉，就是最吸引人的地方。

每次去新泽西的"大冒险乐园"，我都会坐坐海盗船。

那是一个北欧古式的大船，两头尖尖的，挂着骷髅头，中间则有两根吊杆，把船吊在半空。

参加游戏的人，一排排坐在船上，船就开始向两边来回摇动，起初还只像个钟摆，后来愈摇愈高，便有了垂直俯冲的恐怖。从头到尾只见一船人在尖叫。却有人才下船，就又争着去排队。

我想这个玩意儿，正抓住了人们爱摇的天性。

当然，摇也有许多种。最起码有"规则的摇"和"不规则的摇"。后者因为难以预期将发生的摇动，会让人不安。前者则因为没有变化，使人安心而昏昏欲睡。

摇娃娃入睡，就要用前者，一边摇着、一边拍着，最好还一面唱着，拍着同样的节拍、唱着重复的旋律、摇着同样的幅度，娃娃一下子就能沉入她梦中的船。

据说每个娃娃都是坐船来到这个世界，所以当产房里一夜之间，全生女婴或男婴，护士们便说，这是一船过来的，全在这个产房停泊了。

居然也就有那么一种人，下了娘胎，还忘不了上辈子坐船的经验。

有一次清晨，乘朋友的游艇出去，海湾里停了许多有舱的小船，全降了帆、抛了锚，静静地浮在水上。

朋友把船速放得很慢，说快了会被罚，而且扰人清梦。

我不懂。

他笑笑："你看！那些船全有人住，他们也不是住，而是睡，白天在陆地上班、吃饭，晚上就回这船里睡觉，码头上有专门的'计程船'载他们'上床、下床'！"

"何必呢?"

"他们喜欢浮在水上、被水波摇来摇去的感觉，据说很多失眠的人，都这样治好了！"

胎儿时，妈妈的子宫是我们的船；幼儿时，摇篮是我们的船；成年之后，许多人拥有了自己的船。

我想，佛教说"渡到彼岸"，真是有理。

说不定，当我们终于闭目的那一刻，才发现，我们的病床是码头，正有一艘船在等着我们启航。

——那艘曾载着我们到妈妈床边的船！

围一个圆满的炉

大学时，

我在班上做过一个有趣的统计，

问女同学：

"年轻时和年老时最大的愿望是什么？"

结果非常妙，许多女同学的答案居然很接近。

大学时，我在班上做过一个有趣的统计，问女同学："年轻时和年老时最大的愿望是什么？"

结果非常妙，许多女同学的答案居然很接近：

"嗯……年轻的时候，除了嫁个好丈夫，我希望去一趟欧洲，玩过欧洲，就算早早死了，也甘心！如果还能活到老年，我不求多，只盼望有个壁炉，坐在前面的摇椅上，织织毛衣、聊聊天，多温馨！"

二十多年过去了，我又拿出同样的问题，问年轻女孩子。

最后一个答案，居然跟二十年前的女孩子没有差异，近乎神奇地，许多人仍然说，希望有个壁炉和摇椅。

问题是，答话的人多半从小住在台湾，难得见到壁炉，她们又是从哪儿得来的印象呢？看她们脸上的表情，眼神因为向往，而凄凄茫茫的样子，仿佛心里正勾出一幅白发妇人坐在壁炉前的画面，说不定老人身上还盖了一方薄毯，脚底下躺着一只老狗或懒猫呢！

这时候，我总是追问：你亲眼看过壁炉吗？还有那坐摇椅的真实景象？

答案当然是否定的，甚至问印象是怎么得来的，她们都说不出。只猜想定是在某个电影、某张名画或杂志图片上得到的这种灵感。

于是我想，那壁炉前坐摇摇椅的画面，必然对许多人有着一种出奇的魅力。那魅力不是立即能感觉到的，很可能只是匆匆一眼掠过，便沉入了记忆，如同酒曲子，不断地发酵，渐渐成为一种挥不去的影像。

所以，这影像就是每个人心底再创造的，成为一种心灵的影像。只是那壁炉到底有什么伟大，值得许多人用心灵去描绘呢？

初见壁炉，是十六年前在武陵农场，蒋公的行馆。当时，天不寒，没有火，阴阴暗暗的一块凹进墙壁的地方，反给人一种寒意。

尤其是夜间，风在外面吹，经过烟囱，仿佛小时候拿笔帽当哨子吹似的，呜呜作响，那壁炉则成为可能钻进什么古灵精怪的地方。

两年之后出了国，住在一位美国医生家里，总算见到真正燃火的壁炉，可惜是前面没有摇椅。

有一回医生全家出去了，我经过熄灭的壁炉，又勾起心里那个有摇摇椅和温馨火光的画面，于是找了些报纸丢进去，上面架了一块木柴，再把报纸点着。

天哪！浓烟突然从炉子里冒出来，瞬间弥漫了整个房间，还有些火星噼噼啪啪地向外跳跃，我吓得一身冷汗，心想必定有什么地方没弄对，弯腰往壁炉顶上看，原来有个小铁门，是关闭的，顾不了炙人的火焰，把手伸进去，将铁门推开，烟一下子全朝铁门外的烟囱钻出去，我赶紧打开窗子，散出剩下的浓烟，又清理了掉在四处的灰烬，再坐下时，火已将熄，屋子里分外冷，我心里更寒，发现这壁炉还不如小时候家里烧的"火盆"。

火盆是烧炭的，但是所有的炭必须在屋子外面"烧透了"，才能放进火盆里，否则容易一氧化碳中毒。

或许因为烧火盆实在麻烦，记忆中只有父亲在世的隆冬，母亲才会摆个火盆。

日本式的房子，格子窗上糊着白棉纸，冬天软软的阳光把花木的影子晒到上面。一家人围坐着，把手伸在火盆上，翻来翻去地烤，连脚也缩在椅子上，就着火盆的热气。从十只小手指头之间，看下面红红炭火的印象，在异乡的壁炉前，再次袭上心头。我开始怀疑，许多人心中的那个壁炉和摇椅，在现实世界，是不是真的美好？

抑或，那只是一种理想、一种感觉、一个梦？

四十岁那年，终于自己有了个壁炉，买房子的时候，地产掮客特别指着介绍。只是我看看壁炉前的青石板，不过几尺就接着地毯时，想起当年在医生家差点闯下的大祸。

"哈哈！其实壁炉根本用不着！"掮客见风转舵，"整个屋子都有暖气，壁炉只是个装饰，喜欢这种感觉，就点一点，浪漫一下，否则根本不必用。"

于是，我把壁炉里扫干净，成为孩子放玩具的地方。冬天，走到门外，看邻居的烟囱都冒着烟，只有我的，冷冷地立着，而且上面砖缝间，长出一棵小树，在北风里摇摆。

每次从风雪里归来，我常盯着壁炉看，心想：来年锯了树，要留着，试试冬天点燃一炉熊熊的火，并且把我那个会摇的皮椅子搬到前面，圆一圆年轻时的梦。

十一月，到北京。热情的亲戚，请我去吃酸白菜羊肉火锅。

亲戚的房间倒还算正规，厨房就不成样子了。男主人拍着我肩膀笑道：

"瞧瞧！我自己用黄泥盖的厨房，这是你嫂子的地盘，怎么样？不错吧！"

我看看厨房四壁，全贴着旧报纸，女主人笑笑："这叫'报馆'，因为墙漏风，冬天冷死！"

说着跑进两个冻得红扑扑的小孩儿，一头挤进已经难有移脚地方的厨房。

女主人吼着孩子出去，一边不好意思地说："地方这么小，两个孩子偏爱往里钻，我们家先生也老爱来凑热闹。哪一天，真得把小土屋子挤垮了哟！"

走出他那黄土岗的小巷子，回到王府井大街的王府饭店，我久久未能成眠，眼前一直晃着那两个小孩儿的影子，看见他们蹲在炉子前面，伸着小手烤火的画面。还有那男主人，也伸着巴掌，拍拍这只小手，又摸摸那只小手。

我想，我们每个人心中的那个炉火，其所以可亲、可爱、可向往，都并不是因为前面有块地毯，或身下有个摇椅，而是因为有一种不用说话，就能传达的温馨感觉。

那炉火，是凝聚、是完满、是家、是爱……

想念的力量

我常在梦里就能看见她进家门，
看见她拿起电话，
然后跟着电话就响了。

一位修密宗的朋友对我说：

"我们修到高深的境界，就能有'念力'和'观想'的功夫。念力是集中自己的意念，不断朝某个方向去想，使原本不会发生的事情，因为'念'而发生。"

"这不就是心想事成吗？真好！"我说。

"对！如果大家一起念，力量更强。许多宗教集中祈祷，常能产生奇迹，就是念力的表现。"他得意地说，"至于'观想'，就更妙了！当我修到观想的功夫，可以观想你几个月之后发生的事，甚至你到什么地方去演讲，那天会穿什么衣服，都能观想得出来，那是一种冥想，在冥冥中可以看到未来的你。"

这使我想起另一位学静坐的朋友，说过的话——

"静坐到了高的境界，就是坐忘，忘了自己身体的存在，好像飘浮在空中，跟天地成为一体，这时候甚至意念到哪儿，人也就可以到哪里，称得上是神游太虚……"

跟这两位玄而又玄的朋友比起来，还是一位韩国华侨老太太说得比较实在：

"我把女儿送到纽约来念书，说多不放心，就有多不放心。"她拍着身边的孩子说，"所以我虽然人在韩国，却规定她每天放学回家，一定要先拨个电话向我报平安。"

"每天？"我说，"这电话费可真不少！"

她笑笑："不用真通话，只要响一声、挂断，我就放心了。"

"美国的高中生放学，正是韩国时间深夜三四点钟，你不睡觉吗？"

"睡是睡，但到时候就会醒，睁着眼等电话，她要是忘了打过来，我就再也没法睡了，等上两个钟头，实在忍不住，只好拨电话去纽约。不过，倒也真妙！"她露出神秘的笑：

"不知为什么，日子久了，我常在梦里就能看见她进家门，看见她拿起电话，然后跟着电话就响了。问题是，女儿每天到家的时间不可能一样，我却总是能够那么准地'看见'，所以这绝不是'预期'，而是母女连心的心电感应！"

于是又使我想起以前读过的一则真实报道：

两个孩子在湖上泛舟，突然船身开始大量进水，正巧孩子的母亲从屋子里用望远镜观察孩子，于是疯狂地对孩子喊："椅子下面有救生衣!"

问题是，那做母亲的是在室内，就算不隔着厚厚的玻璃窗，远在几百米之外的孩子，也不可能听见她的喊声。

只是，也就那么神妙地，两个孩子竟在千钧一发的时刻，找到了救生衣。

历劫归来，孩子说："我们听见妈妈的声音，好像就在耳朵旁边，对我们说：'椅子下面有救生衣!'"

当年看完那两则报道，我不断地思索："难道像是武侠小说里'传音入密'的功夫吗？这传音入密或许不是真正通过声音，而是透过心灵，是一种心电感应。"

如今，把这两个真实故事，跟修密宗、静坐的朋友相对照，则有了另一种领会——

"那或许也是'观想'和'念力'的表现吧!"

儿子进大学，已经念到第二年，妻却坚持要去学校一趟。

"那么远，又不是新入学，何必呢？"

"因为他换了新的宿舍，我非去看一下不可。不看就没有想象点。"

"想象点？"我不懂。

"就是当我想起他的时候，心里出现的画面。我可以想象他正在回宿舍的路上，他正在上楼梯，他在做功课，他上床睡了……"妻心神不宁地说，"现在我连他房间什么样子都不知道，怎么想呢?"

于是，我们又百里迢迢地去了一趟"哈佛"。

接着，我回到台北，并在深夜接到儿子的电话。

不知因为隔半个地球，电话的声音有些变化；还是因为儿子离家久了，对我有了更深的孺慕之情，总觉得他的声音有些抖，像是带着一种特别的激动。

挂下电话，心中浪潮起伏，孩子从小到大，许许多多的画面飞上眼前。我突然想起手边有一份"哈佛简介"。

缓缓翻到最后一页，那张大学城的地图。我用手指沿着先前到他学校时经过的路线移动，过了桥，过了热闹的车站，过了那个弯弯的、镌着金字的大门，向左转，第三栋房子，我的手指停在他的宿舍门前，如同我们的车，停在他的门前一般。

我居然觉得自己上了他窄窄的楼梯，推开他的门，看见我仿佛不去思念，却日夜在冥冥意识中思念的孩子。

我想，我也有了观想的能力。

只是多爱一点点

反省自己是不是做得不够。
以前以为自己很好了、很体贴了，
比一比，才知道，
有更好的、更温柔的……

太太常笑我不爱吃文旦。

有一次，朋友从台湾"偷渡"了一个麻豆文旦到纽约给她，她一边吃，一边盯着我笑：

"奇怪！你为什么不爱吃文旦呢？我爱死了。"又笑笑："不过幸亏你不爱吃，我才能吃这么多。"

她岂知我小时候也非常爱吃文旦。

那时候，我父亲常用他的"瑞士小刀"，先把文旦的尖头切掉，再划几刀，把文旦皮完完整整地剥下来，让我当帽子戴。

接着他把文旦一瓣一瓣分开，再用刀在上面小心地各切一个口；先将种子拿掉，再把那薄薄的皮向两边一翻，丰腴甜美的文旦肉，就完完整整地露出来了。

这时候，我只要一张嘴，就能咬下满口的文旦。

父亲在我九岁时过世了，从那时起，我再也不爱吃文旦。

接到一个中学生的信，说她从小觉得妈妈好疼她，每次吃橘子，妈妈都把皮剥好，交给她。

直到有一天，她到个同学家去，同学的妈妈正弄橘子，她吓一跳——

天啊！同学妈妈居然不但把橘子皮剥掉，而且把里面那层薄膜也撕掉，将橘子肉一块块放在碟子里，交给孩子。

那写信的中学生怨怨地说："我突然有一种好怪的感觉，我真的没想到，这世界上还有比我妈妈更宠自己小孩的人；我好羡慕那个同学，甚至有点嫉妒她。"

◆

何止小孩会这样，大男人有时也跟小孩差不多。

以前我在台湾有个同事，就开玩笑地说过——

"唉！太太每天吃完晚饭，都扔个苹果给我，以前觉得她好体贴。昨天到某某家去，发现他太太不但把苹果削好了，而且切成小块端给他，才自叹不如。"

这时候，那"某某"听到了，说：

"你啊！真没见过世面，你知道谁谁谁的太太，不但切成小块，而且每块上面插一根牙签，放在水晶果盘里端出来吗？"

◆

我也有这样的感触。

同样是二十多年前，有一回去同事家吃火锅。

我是北方人，本来家里就常吃"涮锅子"，但是每次吃，都是谁吃谁涮；大不了，太太多涮点，夹给我跟孩子。

但是那天，那位本省太太，居然从头到尾都站着，一手拿筷子，一手拿勺子，为桌上的每个人服务。

我心想：原来还有这么周到的女主人，怪不得人家说本省籍的太太体贴。

有一天，把这感触说给一位外省太太听，不知是不是嫌我有大男人主义，她居然眼睛一瞪，回问我：

"你怎不说大家都讲外省丈夫体贴呢？我丈夫已经够体贴了，我给孩子洗澡，他会帮着打水，可是你知道吗？有一天，我去个朋友家，看见她在看电视，她丈夫跑进跑出，正一口口喂孩子吃饭呢！"

◆

妻的美发师最近很忙，据说她大姑子的先生得了肝病。虽然不是血亲，那美发师全家却轮流到医院去照顾。有时候，甚至睡在病床旁边。

吃饭时，妻说到这事。

正好儿子在，听后，一怔："什么! 居然天天去医院陪他? 还睡在医院，有必要吗?"

我把话接过来："当然有必要，你知道你四姨公生病的时候，舅爷住在永和，每天天不亮就骑脚踏车去三总看他吗? 还有，姨公的儿子和媳妇轮流守在病床旁边，一守就是几个月啊!"

◆

看过一部美国电影，女主角的丈夫有外遇，两个人离了婚，孩子居然跟着丈夫和"那个女人"。

女主角想尽办法去破坏孩子与后娘的感情，她甚至跟踪，看那后娘怎样虐待非亲生的子女。

跟着跟着，她不跟了，她也不再去破坏那个家庭。

她发现孩子跟着那个妈妈，远比以前在自己的照顾下来得幸福。

她发现原来这个世界上有比她对她孩子更好的人。她虽然会"爱"，但是不会"待"。

◆

一片偷拍的光碟，闹得满城风雨。

在电梯里听到两个人的对话——

"有时候，偷窥别人的生活，不是看演出来的剧情片，而是看看人家真正的生活，对自己是有好处的。"

"什么好处？"

"反省！"

"反省什么？"

"反省自己是不是做得不够。以前以为自己很好了、很体贴了，比一比，才知道，有更好的、更温柔的……"

◆

许多失婚的人都没错，怪只怪这世界上有了对"他"或"她"更好的人。

"爱"没有差异，每个人都能百分之百地爱，或百分之百的忠诚；但是"待"有差异，这世界上就有些人"比你多那么一点点"。

没看见、不比较，你永远不会知道。

所爱即是家

父亲的那件衣服

我告诉你！
你要是不小心弄脏了，
偷偷洗干净，再教别的女人为你折，
我啊，一眼就看得出来……

父亲的东西从来不锁，除了那一个抽屉。

他不准人看，大家也不敢看。每个人都知道那里面装的是什么，每个人都希望父亲能把那东西遗忘。

直到有一天，父亲咳嗽得厉害，孩子们冲进卧室，扶起坐在地上满脸泪痕的父亲，才看见开着的抽屉，和那件整整齐齐的衬衫。

三十多年前，父亲常出差，每次出门前，母亲都会为他把衬衫熨平，再一件件折好，放进旅行箱。

母亲折衣服很小心，不但沿着衣服的缝线折，而且把每个扣子都扣上。

"不要那么马马虎虎、乱拿乱塞。脏了的放一边，没穿的放一边。穿的时候，别急，慢慢把每个扣子解开来，轻轻抖一下，再穿，跟刚熨好的一样。"母亲总是一边为父亲装箱，一面唠叨："别让外人以为你家里没老婆。"又嘟囔一句："碰到年轻小姐，别太近了，小心口红弄到衣服上。不好洗，又惹我生气。"

"你少啰嗦几句好不好？你知道吗？"父亲常笑道，"你是天底下最体贴，又最多心的老婆。你呀！连折衣服，都有阴谋。"

"不错！我告诉你，你要是不小心弄脏了，偷偷洗干净，再教别的女人为你折，我啊，一眼就看得出来。"

不过，母亲总会算着父亲出差的日子，多装一件衬衫，说："多一件，备用。不是叫你晚一天回来！"

那一天，父亲没晚回来。冲进家门，却晚了一步。

父亲抱着母亲哭了一夜，又呆呆地坐了一天。然后起身，打开手提箱，捧出母亲多折的那件衬衫，放进抽屉。缓缓地，一个字、一个字地说：

"不准开、不准动！"

当然，他自己除外。尤其最近，父亲常打开抽屉，抚摸那件衣服。长满黑斑的手，颤抖着，从衬衫领口的第一个纽扣，向下摸，摸到叠起的地方：

"瞧，你妈熨得多平，折得多好！"

有一次小孙子伸手过去抓，老先生突然大吼一声，把孩子都吓哭了。为这事，儿子还跟媳妇吵了一架：

"爸爸当然疼孙子，但是那件衣服不一样，谁都不准碰!"

可是，今天，父亲居然指指那个抽屉，又看看儿子，点了点头。

儿子小心地把衣服捧出来，放在床边，把扣子一个个解开。

三十多年，白衬衫已经黄了，尤其折在下面的那一段，大概因为紧靠着抽屉，明明显显地黄了一大片。

儿子迟疑了一下。父亲突然吹出一口气：

"打开! 穿上!"

衣服打开了。儿子把父亲抱起来，坐直。由女儿撑起一只袖子，给老人套上。

"等等!"女儿的手停了一下，低头细看，小心地拈起一根乌黑乌黑的长发："妈妈的!"

老人的眼睛睁大了，发出少有的光芒，居然举起已经黑紫的手，把头发接过。

当衬衫的扣子扣好时，儿子低声说：

"爸已经去了!"

女儿把老人的两只手放到胸前，那手里紧握着的，是一根乌溜溜的长发。

当老人变成孩子

突然觉得这老人家，

跨过八十七年的岁月，

此刻，却缩在床上，

如同我五岁的小女儿，

需要关爱和保护。

天热，吃凉面。

"你不知道吗？我从来不爱吃面。"八十七岁的老母，居然把碗一推，转身去冰箱拿了面包和肉松。一边把肉松往面包里夹，一边没好气地说：

"看到面，我就想起你老叔，想起他，我就有气！那年，我刚嫁到你们刘家，你奶奶怪，你老叔更混蛋。给他做了面，他偏要吃饺子；等他吃完饺子，我回头吃那碗面，早凉了，我一边吃，一边掉眼泪。告诉你！记住了！妈从那时候开始，就恨吃面。"

吃完饭，一家人在餐桌上吃水果。五岁小孙女的水果，照例由奶奶料理。

将九十岁了，老人家的手还挺稳，削完了苹果又切桃子。

"我要桃核！"小孙女喊着，"我要去种。"

"种桃子干什么？"老奶奶停下刀，叮嘱着小孙女，"要种杏，别种桃！"

一桌人都怔了。

"'桃'就是'逃'！我逃一辈子了，先逃'老义军'（军阀），再逃小日本，还逃不够吗？"老奶奶喃喃地说，"所以要种就种杏，幸幸福福过几年太平日子。"

◆

不知为什么，跟着老母四十多年，最近却听了她一堆新故事。说实在话，我从不知她不爱吃面，也不晓得她忌讳种桃子。怎么一下子，全出笼了？连最近小女儿跟她学的儿歌，都是我以前没听过的。

"怎么没听过？我从小就唱！"老母还不承认，"我爹教我的。"

最近提到我外公，老母的表现也不一样了。以前她恨他，恨他又娶了个小，现在却"我爹、我爹"叫得愈来愈亲切。好像她缩小了，我外公又站在了她的面前。

于是那个原来所谓不苟言笑、偏心、重男轻女的老头子，便一下成了会说故事、会唱儿歌、会买咕咕钟的"好爸爸"。

　　"我爸爸也一样。"一位老朋友颇有同感，"以前提到我爷爷，他都好像要立正似的，说'我的父亲'，里面还加上日文的'敬语'。可是这两年不同了，他会说'我阿爸带我去抓鱼，我阿爸教我游泳'。当你看他说话的样子，他不再是我的爸爸，倒成了一个孩子。"

◆

　　老人家确实愈来愈像个孩子。过去她很不喜欢小孩，后来只爱自己的孙子、孙女，现在则只要是孩子，她就喜欢。

　　有一天，妻带她从外面回来，看她提个重重的塑胶口袋，我问她买了什么。

　　"买什么？你不会感兴趣的! 全是糖，给小孩吃的。"

　　每次有小孩来玩，不论是亲戚的小孩，或邻居的洋孩子，就都往她的房里钻。每个人出来，都鬼鬼祟祟的，捂着口袋。说老奶奶叫他们别说，把糖偷偷吃掉，或藏起来。

　　只是老人也像孩子般，愈来愈跟人分你我。好比爱藏玩具的孩子，什么东西都要是自己的。

　　原来几大瓶维他命，放在厨房，一家人吃，只要去拿就成了。不知从什么时候开始，老人自己存了一瓶。吃完饭，一定要回房，吃自己的。

　　原来一家人围着看电视，现在老人也叫我又为她买了一台，放在她的房间，常躲在屋里自己看。还把小孙女找进去，看她电视里的卡通。

　　她真成了个孩子，使我想起儿子小时候，喜欢用纸盒子和脚踏车围成一圈，然后躲在里面，说那是他的家。过去年轻时，她喜欢串门聊天，现在还喜欢，只是不再出去串门，而希望别人来我们家。又最好是能进她的房间，坐在她的床边，跟她讲悄悄话。

　　有一天，我在花园工作，老母迈着解放小脚，一步步凑过来，又拉着我的袖口，走到院子一角，神秘兮兮地说："来！妈问你，你赚的钱，够不够下半辈子花？人都会老，别一天到晚买花，存着点儿，等老了用！"

　　我笑了起来："原来是这事，干吗神秘兮兮的?"

　　"当然了！咱们娘儿俩，总也有点悄悄话吧!?"老人居然转过脸去，有点激动，"你知道吗？咱们好久没说说私房话了。"

　　突然发现老人的寂寞。一家七口，虽然热热闹闹，在她的心底，由于身体的衰退，愈来愈失去安全感，也愈来愈怕寂寞了。

◆

　　或许人的一生，就像日出与日落吧！似乎回到同样的位置，只是方向不同。

　　由出生时的啼哭，需要抚爱、需要拥抱，到开始学走路，开始抓取自己的东西；到"扮家家酒"，假设有个自己的小家；到愈长愈壮，觉得天地之间，可以处处为家。

　　然后，过了中午，太阳西落。我们随着身体的衰老，逐渐收回遥远的步子，躲回家，躲回自己的房间，抓紧自己的东西，也抓紧自己的亲人。

　　我们又像儿时一样，需要亲人的拥抱和呢喃。

　　母亲老了！

　　我常得听她进浴室的时间是不是太长，也在每晚就寝之前，先推开她的房门瞧瞧。

　　看她一个人睡着，昏昏的夜灯，映着墙上父亲年轻时的照片，我有着一种莫名的感伤。突然觉得这老人家，跨过八十七年的岁月，此刻，却缩在床上，如同我五岁的小女儿，需要关爱和保护。

　　"去买一张轻便折叠的轮椅。"我对妻说，"明年春天，带着她一块儿，去迪斯尼乐园。"

超级妈妈

母亲，不论她天生是否强壮，她婚前是不是娇弱，

似乎只要成为母亲，

就自然变成了超级妈妈。

她必须"超级"，

否则就不配做"妈妈"！

在老婆梳妆台上看到一个奇怪的摆饰，原来是儿子送给他妈妈的母亲节礼物。

那是一朵用布做的大花，放在小小的花盆里。花瓣不是红、黄那样艳丽的色彩，而是蓝的，尤其妙的是花的中心，一张白白的面孔，画着两撇倒挂的眉毛、一双失神下垂的眼睑和充满血丝的眼睛，还有那已经扭曲走形的笑容，花盆里则插着一个小牌子——

"超级妈妈 (Super Mum)！"

这是多么传神的一朵母亲之花啊！充分形容了大部分的母亲。

母亲，不论她天生是否强壮，她婚前是不是娇弱，似乎只要成为母亲，就自然变成了超级妈妈。她必须"超级"，否则就不配做"妈妈"!

她们要是家里最早起的人，做早餐，准备便当，叫孩子(可能包括先生)起床；她们也总是最晚睡的，做最后的清理，处理信件杂务，哄孩子(可能包括先生)就寝……

作为超级妈妈必须带孩子去看病，自己却不能生病，尤其不准在孩子和先生病的时候生病；即使生病，也不能倒下。她要像老鹰捉小鸡的游戏中那只站在前面的大母鸡，伸开双臂，瞪大眼睛，去阻挡老鹰的攻击，并接受后面一大串小鸡的拉拉扯扯!

这世上多少母亲，就像那个张毅导的电影——《我这样过了一生》，那一生多半是施，而不是受。最起码施得多，受得少。

虽说施比受更有福，但凭什么施的人要不断地施？只为了爱，而不要求回馈？甚至施舍到自己透支，成为那朵蓝色的花？

是的，孩子们会感激，如同我的孩子在母亲节送上那朵蓝花，表示他知道自己的母亲是多么透支地付出。问题是口头的感激和心头的感激，若不能化为行动，又具有多少意义？

我常说："一个人在岸上大喊'救人哪! 有人掉在水里了'，远不如他真正跳下水去救，或扔下一根绳子，伸出一只臂膀!"

可是有几个做子女的伸出了这只臂膀？

令人惊讶的答案应该是：

不是他们不伸，而是大人没教他们伸。那阻止的人竟然常是母亲！

许多母亲对孩子犯了一个严重的错误——

"只要你好好念书，家里事不用你管，老娘一个人应付得来！"

于是孩子不觉得母亲需要他，他既然不必对家庭付出，也自然减弱了家庭意识。

母亲叫起床、做早点、准备便当、开车送我、带我看病、帮我削铅笔、洗衣服……都是当然！

什么叫做"当然"？"当然"就是例行公事，理当如此做，自然也就无所谓感念不感念。而当有一天母亲不再这样，我就要不高兴！

那些作为超级妈妈的，确实可以肉体疲乏、心灵充实。但她们忽略了两件重要的事：

一、家庭是个共荣圈，你不让孩子参与，他们没有参与感，也就很难爱这个家，不爱这个家，就不爱你这个超级妈妈！不论他们嘴上说多爱，行动上的冷漠，就是证明。

于是你成了寂寞的超级妈妈！

二、你不让孩子做事，孩子连热油锅表面不一定冒热气都不知道；连搬一件重家具，应该怎么使力都不了解……当他们突然进入社会，会顿时难以适应，结果造成许多逃避的心态和危险的情况。

做母亲的人，最重要的责任是教育子女，但是太多的母亲只知"养"不知"教",最起码不知道"教孝"!

不论什么时代,也不论中国怎么西化,"孝"绝对是应该维护的美德。可悲的是,今天中国的母亲,常没有学会西方的使子女独立自治,却采用了西方的放任、自由和东方的溺爱,于是当西方的超级妈妈都变成蓝瓣白脸的花朵时,东方妈妈就更可怜了。

我要请问各位超级妈妈:

你们为什么总认为孩子长不大?难道不知道父母的成功与健康,也是子女幸福的保障?最起码如西方俗语"父母长寿,是子女的荣耀"!

子女是人,你也是人!人要学会彼此尊重、彼此奉献。你要教子女奉献,这是人格教育的一部分,否则他们学到的只是自私自利,或后半生也做个只知奉献的母亲(或父亲)。

于是下次上市场,带着孩子去吧!分给他一份购物单,你买你的,他买他的,既省了时间,也增加了母子、母女共同工作的乐趣,而且你会惊讶地发现:当菜端上桌,孩子会吃得更有味,因为过去妈妈的菜而今成为了"我自己挑的菜、买的菜!甚至做的菜"!那菜里就多了一份情、一份爱!

你付出,先生付出,孩子也付出,一起动手,堆出家的城堡,这个城堡必能更长久、更坚固!

做一个现代成功的超级妈妈,你应该有着大大的花盆、丰盛的叶子和亮丽的花瓣!

你的年轻、健康、美丽与精神焕发,也是子女的荣耀!

你是我一生的陪伴

她对大海轻轻地说。
发觉自己七海漂泊，
总有着父亲的陪伴；
不论生与死，
父亲总在她的身边……

小时候，父亲常带她去爬山，站在山头远眺台北的家。

"左边有山、右边也有山，这是拱抱之势，后面这座山接着中央山脉，是龙头。好风水!"有一年深秋，看着满山飞舞的白芒花，父亲指着山说："爸爸就在这儿买块寿地吧!"

"什么是寿地?"

"寿地就是死了之后，埋葬的地方。"父亲拍拍她的头。

她不高兴，一甩头，走到山边。父亲过去，蹲下身，搂着她，笑笑："好看着你呀!"

十多年后，她离台念书，回来，又跟着父亲爬上山头。

原本空旷的山，已经盖满了坟。父亲带她从一条小路上去，停在一个红色花岗石的坟前。

碑上空空的，一个字也没有。四周的小柏树，像是新种。

"瞧！坟做好了。"父亲笑着，"爸爸自己设计的，免得突然死了，你不但伤心，还得忙着买地、做墓，被人敲竹杠。"

她又一甩头，走开了。山上的风大，吹得眼睛酸。父亲掏手帕给她："你看看嘛！这门开在右边，主子孙的财运，爸爸将来保佑你发财。"

她又去了外国，陪着丈夫修博士。父亲在她预产期的前一个月赶到，送她进医院，坐在产房门口守着。紧紧跟在她丈夫背后，等着女婿翻译生产的情况。

进家门，闻到一股香味，不会做饭的父亲，居然下厨炖了鸡汤。

父亲的手艺愈来愈好了，常抱着食谱看，有时候下班回家，打开中文报，看见几个大洞，八成都是食谱被剪掉。

有一天，她丈夫生了气，狠狠把报纸摔在地上。厨房里刀铲的声音，一下子变轻了。父亲晚餐没吃几口，倒是看小孙子吃得多，又笑了起来。

小孙子上幼稚园之后，父亲就寂寞了。下班进门，常见一屋子的黑，只有小小的电视亮着，前面一个黑糊糊的影子在打瞌睡。

心脏扩大，父亲是愈来愈慢了。慢慢地走、慢慢地说、慢慢地吃。只是每次她送孩子出去学琴，父亲都要跟着。坐在钢琴旁的椅子上笑着，盯着孙子弹琴，再垂下头，发出鼾声。

有一天，经过附近的教堂。父亲的眼睛突然一亮：

"欸！那不是坟地吗？埋这儿多好！"

"您忘啦？台北的寿墓都造好了。"

"台北？太远了！死了之后，还得坐飞机，才能来看我孙子。你又信洋教，不烧钱给我，买机票的钱都没有。"

拗不过老人，她去教堂打听。说必须是"教友"，才卖地。

星期天早上，父亲不见了，近中午才回来。

"我比手画脚，听不懂英文，可是拜上帝，他们也不能拦着吧！"父亲得意地说。

她只好随着去。看没牙的父亲，装作唱圣歌的样子，又好气、又好笑。

一年之后，她办了登记，父亲拿着那张纸，一拐一拐地到坟堆里数："有了！就睡这儿！"又用手杖敲敲旁边的墓碑："Hello！以后多照顾了！"

丈夫拿到学位，进了个美商公司，调到北京，她不得不跟去。

"到北京，好！先买块寿地。死了，说中文总比跟洋人比手画脚好。"父亲居然比她还兴奋。

"什么是寿地?"小孙子问。

"就是人死了埋葬的地方。"女婿说，"爷爷已经有两块寿地了，还不知足，要第三块。"

当场，两口子就吵了一架。

"爹自己买，你说什么话？他还不是为了陪我们?"

"陪你，不是陪我!"丈夫背过身，"将来死了，切成三块，台北、旧金山、北京，各埋一块!"

父亲没说话，耳朵本来不好，装没听见，走开了。

搬家公司来装货柜的那天夜里，父亲病发，进了急诊室。

一手拉着她，一手拉着孙子。从母亲离家，就不曾哭过的父亲，居然落下了老泪：

"我舍不得! 舍不得!"突然眼睛一亮："死了之后，烧成灰，哪里也别埋，撒到海里! 听话!"

说完，父亲就去了。

抱着骨灰，她哭了一天一夜，也想了许多。想到台北郊外的山头，也想到教堂后面的坟地。

如果照父亲说的，撒在海里，她还能到哪里去找父亲?

她想要违抗父亲的意思，把骨灰送回台北。又想完成父亲生前的心愿，葬到北京。

"老头子糊涂了，临死说的不算数。就近，埋在教堂后面算了。"丈夫说，"人死了，知道什么?"

她又哭了，觉得好孤独。

她还是租了条船，出海，把骨灰一把一把抓起，放在水中，看一点一点，从指间流失，如同她流失的岁月与青春。

在北京待了两年，她到了香港。隔三年，又转去新加坡。

在新加坡，她离了婚，带着孩子回到台北。

但是无论在北京、香港、新加坡或台北，每次她心情不好，都开车到海边。一个人走到海滩，赤着脚，让浪花一波波淹过她的足踝。

"爸爸！谢谢你！我可以感觉你的抚摸、你的拥抱，谢谢你！我会坚强地活下去。"

她对大海轻轻地说。发觉自己四海漂泊，总有着父亲的陪伴；不论生与死，父亲总在她的身边。

总去旅行的爸爸

记得离婚前的一场冲突中，
安娜把他们的结婚照摔在地上，
溅了一屋子的碎玻璃。
但是，现在那照片又挂在了墙上
而且放得更大……

当初听安娜要领养个孩子，保罗立刻表示反对：

"离了婚的女人，本来就不宽裕，而且天天上班，怎么照顾小孩？"

没想到，一向坚强的安娜，居然大哭了起来，吼着说："没了丈夫，总可以有个孩子吧！"

保罗就不再吭气了。

"本来嘛！你领养小孩，干我屁事？"保罗心想，"而且，单身女人去领养，慈善机构也不会答应。"

没想到，有一天安娜打电话来，那头传来小孩的笑声。保罗一惊："你真收养到了？"

"当然！不会要你付钱的。"

"我当然不会付钱，又不是我跟你生的，难道还要付赡养费?"保罗冷冷地说，"恭喜你了。"

"谢谢! 我今天打电话，就是想邀请你。"

"邀请我?"

安娜的语气突然变得好温柔: "来参加我孩子四岁的生日派对。"

想想这是安娜的大事，也念在过去夫妻一场，虽然不怎么愿意，保罗还是准时到了。

没按铃，安娜已经冲出来，不请保罗进去，却一把将他拉到走廊边上:

"保罗! 你一定要帮我这个忙。我从来没求过你，只有今天。"

推开门，一屋子的小朋友，一起抬头。

"这是丽莎的爸爸!"安娜笑嘻嘻地说。又对着坐在中间一个可爱的小丫头笑道: "看吧! 妈妈说的没错吧! 爸爸旅行回来了，特别赶上你的生日派对。来! 快来抱抱爸爸。"

小女孩眼睛亮了，一颤一颤地跑过来，扑在保罗身上: "爸爸! 爸爸! 你就是照片里的爸爸!"

保罗傻呆呆地伸开双手，心想: "天哪! 多么荒唐的一场戏!"抱着小女孩的手，觉得怪怪的，往下摸，一惊，抬头正对上安娜的眼睛，眼里全是泪。

小朋友围着桌子，唱歌、吃东西。

安娜把保罗拉到一边，眼泪终于掉下来:

"生下来，一条腿就是畸形，大家都不要，所以我才能领养到她。"擦干眼泪，回头看孩子，又笑了："但是，她好可爱，好聪明，我现在什么都不想了，一心都在她身上。"

走出安娜……也可以说他们过去共同的家，保罗的心好沉。觉得安娜好可怜，又觉得自己好孤独。回头看，那是一对母女的家，向前看，是自己一个人的公寓。记得离婚前的一场冲突中，安娜把他们的结婚照摔在地上，溅了一屋子的碎玻璃。可是，现在，那照片居然又挂在了墙上，而且放得更大、框子也更豪华了。

想必安娜是去重洗了这张结婚照，难道她的旧情复燃？还是……还是因为她要用来骗孩子？

多么愚蠢的谎言啊！迟早要拆穿的，瞒能瞒到几时？难道爸爸总是出差？

这出差的爸爸，是愈来愈麻烦了。

小丽莎学校演出，安娜打电话来。说别的孩子，都是父母一起出席。于是保罗不得不去，还不得不带了相机。

安娜、保罗和小丽莎的合影，居然上了校刊。传到保罗新交的女朋友耳里，两个人大吵一架，分手了！

心里正有气，安娜又来电话，说孩子参加棒球赛，要爸爸到场加油。

"去你的！她不是我的孩子！"保罗吼过去。

电话那头安静了，传来低泣："她少了一条腿，你同情同情她，我花了多大力气，才说服她和学校老师，让她上场一下下。你也就来一下下，给孩子一点鼓励好不好?"安娜抽噎着："她好自卑、好可怜! 给她一点爱吧!"

保罗没再说话，比赛时，站在了场边加油。好多孩子都过来跟保罗打招呼，说丽莎好棒，也说安娜好棒。

原来安娜为了让孩子参加比赛，志愿担任指导员。

"凭你的身体，孩子都怀不住。爬楼梯没两步，就喘气。还去教棒球?"保罗暗笑。

没过多久，安娜果然倒在了场边。送进医院，已经回天乏术。

保罗参加了治丧会。

大家一起叹气，安娜死，留下的最大问题，就是小丽莎。虽说安娜的遗产，可以由孩子继承。但是一查才知道，为了给孩子看病，她向银行贷了不少钱。房子又是分期付款，算下来，连房子都保不住。

安娜虽然有两个妹妹，也都一个劲地摇手：

"不可能! 不可能! 我们自己的孩子还忙不完，何况这一条腿的。"

最后决议，把小丽莎送回原来的育幼院。

育幼院也同意了，决定葬礼一完，就把孩子接走。

乐声凄迷，许多人在低声啜泣，不是伤心安娜的死，是伤心孩子的可怜。

故乡是爱人的怀抱

每次离乡都是伤害，
每个离愁都能心碎，
只是每个"异乡人"也都可以成为"原乡人"，
仿佛告别上一段恋情，
找到另一个"安心"的地方。

到加拿大东部滨海地区旅行，进入一个早年法国移民的村庄。

低矮破旧的木造农舍里，有炉、有灶、有桌、有床，葡萄架上正结实累累，只是早已人去房空。

接着进入一所教堂。有个打扮成英国军官的人，昂头挺胸地走进来，打开一卷文件开始朗读，使围在四周的观光客都回到了一七五五年。

两百四十多年前的某日，英国驻军就是召集所有当地的法国移民到这小教堂里，宣读一纸命令：

"所有的法国人听着，为了你们好，也为了我们好，三天后带着你们的细软到这里集合，我们将用船载你们去该去的地方。”

教堂的墙上挂了许多油画，画中一群群戚容的人们，正在英军的押送下走向海岸。

海面已经有些船扬帆远去。

画中有个妇人在人群里伸着手哭喊，解说员指着："因为英国兵听不懂法语，常把同一家人送上不同船，那画中的妈妈正喊着她的孩子，许多亲人就这样被拆散了。"

"后来有没有再团聚呢？"我问。

"大概很难吧！因为英国人把他们送去了不同的地方，有些船横过大西洋，去了欧洲；有些船去了美国，还有些一直朝南驶，去了中南美洲。那个时代，交通多不便利。"

"而且他们被送去了讲英语和西班牙语的地方。"有位游客叹口气，"语言都不通。"

"是啊！他们的后代就成了美国人、墨西哥人或阿根廷人。"另一个游客说。

教堂中间有个白色大理石雕的圣母像，几个中年的女人，在石像的脚边放了一束绑着蓝色缎带的红玫瑰。

缎带上写着：

"给所有曾在这儿居住的人，我们没有忘记你们，我们带着你们的血液和姓氏。"下面署名"你们来自路易丝安娜的孩子们"。

"你们还会讲法语吗？"我问其中一位。

她摇摇头："早就不会了。"

看他们一群人离开，我心想："他们要回哪里？法国、

美国？还是留在加拿大？"又哑然失笑，"当然还是回路易
丝安娜。"

◆

到广西师大演讲，回程飞机上，旁边坐了一位来自台湾
的老先生。

空中小姐问老先生要什么，我"大声"转告他，他想了
一下说："就茶吧!"

我把茶递给老先生，他没接，将前面的小桌子打开，示
意我放在上面。却盯着看，不喝。

直到空中小姐开始收杯子，他才端起茶杯，只是才拿
起，就洒了一裤子。"手抖，没法喝。"他颤抖着手把茶放
下。

"我替您拿着杯子吧!"我说，帮他把杯子举到嘴边，看
他喝下。

"到桂林玩?"我问老先生。

"不! 回老家。"

"老家有谁在?"

"老婆在。"

"没再嫁人?"

"没有!"

"回去了多久?"

"两个月。"

"何不留下来算了!"

老先生没答话,斜着眼看了看我,摇摇头:"台湾也有家,家里在等着。"

我笑笑:"可是那边,等了五十年哪!"

他又斜着看看我,似乎自言自语地说:"可是,台湾也住了五十年哪。"

◆

高雄的一个妇产科诊所的护士,因为台风天为婴儿洗澡时停电,挂错脚牌,而闹了个大新闻。

发现领错婴儿的一家,要把孩子换回来,偏偏另一家不承认,于是告上法庭。

只是经过医院做DNA比对,证明确实抱错之后,"另一边"还是死不认错,说怎么看,那都是自己的孩子。

于是我眼前浮起一个画面,一对夫妻抱着怀里的娃娃,愈看愈可爱,愈看愈心疼,愈看愈觉得熟悉。看了一个多月,把假的看成真的,竟连自己亲生的娃娃都不要了。

也让我想起二次大战期间,德国人抢去许多波兰人的孩子,送给德国不育的夫妻。

二次大战结束,波兰的父母哭着喊着去德国找亲生的骨肉。

孩子被指认了,德国人也不得不还,只是许多孩子却又哭着喊着不肯离开养父母的家。

"他既然认为那是他的家了，他也住习惯了，就留他在那儿吧！"一个波兰妈妈居然独自回到波兰，对记者说，"他如果有心，长大了，自然会回来。别让他再受一次伤害了！"

◆

看铁达尼号的纪录片，万头攒动、彩带飞扬，一艘被认为不可能沉没的巨轮缓缓离岸。

接着介绍内部的装潢，身世显赫的头等舱乘客和声誉卓著的船长。

然后是冰山，是船舱进水、折断、倾斜、沉没的画面。两千多名乘客，只有七百多人上了救生艇。

救生艇远远看着铁达尼号沉下海底，只有一条曾经驶回去搜寻，其余的全都拒绝"回头"。

一个死者的后代激动地说："他们死了，死了这么久了，为什么还要去打捞？为什么不让他们静静地留在海底？为什么去打扰他们，给他们再一次伤害？！"

一个老妇人回忆，当七百多名生还者登上赶来的大船时，每个人都得到食物、得到毛毯、得到温暖的照顾，只是大家站在甲板上，看着远方茫茫的大海，想着自己的丈夫、亲人，而自己的这艘船，正逐渐远离失事的海域，航向新大陆……

◆

想起旅居美国的一位老朋友。有一次我问他为什么这二十多年，不曾回台湾一趟。

他笑笑："大陆，我住了二十多年；台湾，我住了二十多年；美国，我也住了二十多年；每个地方都成了故乡。你知道吗？离开故乡，好难哪！好苦啊！我已经离开故乡两次，我不要再受一次伤害。"

◆

什么是故乡？

故乡是我们熟悉的地方，有我们熟悉的面孔、熟悉的食物、熟悉的街道、熟悉的气味、熟悉的生活方式。

故乡像是妈妈的怀抱，让我们有安全感。

只是，我们一生可能不止一个怀抱，我们可能由"妈妈故乡"投入"妻子故乡"、"丈夫故乡"、"子女故乡"。可能有人逼着我们，在我们的嘶喊中，把我们拖离一个怀抱，扔进另一个怀抱，使我们哭着、嚷着、挣扎着，直到累了、睡去，习惯那双新的臂膀、那个新的怀抱。

每次离乡都是伤害，每个离愁都能心碎，只是每个"异乡人"也都可以成为"原乡人"，仿佛告别上一段恋情，找到另一个"安心"的地方。

亡故的家乡

没什么死在异乡这回事，
死在哪儿，哪儿就是故乡，
故乡！故乡！
亡故时的家乡就是故乡。

一个二十七岁的台湾女孩子，独自在土耳其旅行时遇害了。没过几天，报上登出消息，那女孩的遗体，在家人和慈济人的哀悼中，就葬在了土耳其东南部的阿当纳市。

新闻播报时，正好几个朋友聚会，大家就讨论起来——

"死在异乡，而且是遇害，怎么还能葬在那儿?"

"说不定那是她的遗愿。"

"她怎会想到自己遇害?"

"说不定她天生爱旅行，才会一个人去土耳其，家人是顺她的心，让她继续未完之旅。"

"大概怕麻烦，就地埋了，多方便!"

"不! 落叶归根，死了一定得葬回家乡，再麻烦都得带她回家，不能让她做异乡的鬼。"

◆

可不是吗？在海外总看见慈善团体，帮助国内来奔丧的家属，把遗体送回国内。连在中国，死在外地的人，也多半"归葬"。

不久前看张艺谋的电影《我的父亲母亲》，剧中一对在穷僻山村，相守几十年的夫妻，男人重病，死在县城的医院，明明可以用汽车载运遗体回家，那做妻子的却坚持冒风雪扛着棺材回去：

"无论如何，我要陪他走这最后一程。"

最近在台湾看电视，"九二一"大地震毁损的山道上，一群山地原住民，用扛的、用背的，把一个死在城里的族人，硬是带回深山，葬在他生长的地方。

也让我想起墨西哥人的"牵亡节"，那一天晚上，像办庆典一样，大家拿着蜡烛、火把，从坟场出发，一路唱歌，把亡灵引导回家。

死在外地，甚至死在本地的人，都要引领他回家，为什么那丧生异域的女孩子，家人反而把她留在那儿？

◆

或许他们接受了一些西方的观念吧！

记得有一年，去瑞士的惹麦特（Zermet），在那终年覆着白雪的麦特杭峰下，看到一个墓园。

"都是攀峰失事，死在这儿的。"导游说，"埋在他们爱的地方，真是葬得其所。"

也记得俄籍犹太人，著名的考古学家卡雅，以她毕生之力，研究马雅文字，死了之后，就葬在瓜地马拉。

还有一对在非洲，一生以保护黑猩猩为职业的美国夫妻，我忘了他们的名字，只记得当地人以黑猩猩为佳肴，大量猎杀、走私黑猩猩，这对夫妇却想尽办法阻止。

先是丈夫遇害，接着妻子也被谋杀。

他们的遗体都没运回美国，而葬在了当地的一个山头。

在电视上看到这段专题报道，有个画面记得很清楚——

一个高高圆圆的山顶，镜头拉开，下面是非洲广袤的草原和森林，旁白淡淡的，没有任何哀伤：

"他们爱这里，以这儿为家，相信这正是他们最希望的长眠的地方。"

◆

更妙的是，有些人活着的时候向往某些地方，没能一游，死了之后还要实现那愿望。

不久前，美联社就发了这么一则新闻——一个活着的时候，身体不好，难得远行的女人薇拉，七十八岁死了之后，遗愿是把她的骨灰撒在世界各地。

她的儿子果真实现了母亲的遗愿，他把母亲的骨灰装在塑料袋里，寄给了美国五十个州政府和世界各国首都的邮政总局长。

每个地方居然都慎重地安排了撒骨灰的仪式。艾玛拉的印第安人，把骨灰撒在安地斯山的湖中；泰国人把骨灰撒在朱帕拉雅河；南美一个孤儿院的修女，把薇拉的骨灰供奉为保护天使；阿拉巴马州政府则把骨灰撒在州议会的花园里。

◆

与这位老太太遭遇相反的，大概要算是那些深海沉船的死者了。

铁达尼号的残骸里，不知留有多少人的尸体。但是不久前，当有打捞公司表示，现在已经有能力把铁达尼号捞起来的时候，那些死难者的家属，却极力反对：

"他们已经安眠在那里几十年了，就别去打扰死者的安宁吧！"

还有珍珠港事变，被日机炸沉的亚历桑那号战舰，一千两百七十七位官兵随着沉船葬身海底，虽然只是沉在浅海中，却也没被打捞。留在那儿，世世代代，供人凭吊。

更典型的是"九一一"，纽约世贸中心，轰然几声巨响，几千人的尸骨，在那高压高温之下，竟然消失了踪迹，虽然经过人工挖掘，一点一点筛选，只见许多首饰、项链，却无法找到那些金饰的主人。

"他们已经随着空气消逝。"有家属感叹地说，"与其留给我们不完整的残骸，不如留给我们在空气中更完整的思念。"

美国慈善团体的悼亡抚恤，也不分国籍，死者家属都能领到补偿。

纽约市长朱利安尼说得好——"只要是在这次灾难中牺牲的，都是我们的同胞。"

◆

想起与母亲生前的一段对话——

"我死了，就别运回台湾了，葬在家附近，还能随时回家看看。"九十多岁的老母说。

"好！那就把老爹的骨灰从台湾运来合葬。"我说。

"何必呢！入土为安，人死四十年了，他在那儿也住习惯了，何必去打扰他？就各住各的吧！"老人家笑笑，"我跟他啊！生籍一样，死籍可不同。"

"什么是生籍、死籍？"

"你生在那儿，就是那儿的人，这是'生籍'；"老太太居然笑得挺开心，"死在那儿，就是那儿的人，这是'死籍'。"

母亲去世两年了，总想起她生前那句话：

"没什么死在异乡这回事，死在哪儿，哪儿就是故乡，故乡！故乡！亡故时的家乡就是故乡。"

可爱的人"端"

人"瑞"多没意思！
还是人"端"有道理。
活到头了，
活到人生的一端，
所以叫人端。

　　自妻退休，家里的老人家就快活了，因为妻有空，可以常常开车，送他们去"华侨老人中心"玩耍。

　　第一天去，正逢庆生会，八十七岁的老母和七十四岁的岳父，都恰好那个月生，于是坐上了寿星席。每人头戴尖顶小花帽，襟前挂上寿星红条，吹蜡烛、切蛋糕。全场上百位老人则吹纸做的伸缩小哨子，此起彼落，好不热闹。还有老太婆唱"老小歌"：

　　"人生七十才开始，八十不过小老弟，九十还在流鼻涕……"

　　唱着，一位老先生的鼻涕，就流到了"围嘴"上。

　　庆生会完毕，一群老人你推推我，我挤挤你，有说有笑地出来。老人中心外面，早停了一大排车子，见老人出来，各家儿女都跑过去搀。各自拉拉扯扯地把老人送上车，却还见老人们把手伸出窗外叫喊。

有个老先生的家人没来，看大家都走了。居然坐在地上大哭：

"我回不了家了！我不认得家啊！"

回家路上，从没见三位老人如此兴奋过。尤其我老母，因为年事最高，今天坐上了首席，主持"切蛋糕大典"，更是得意非凡。

"哼！别说我最老，好多比我年轻十岁的，还不如我呢！"老母扯着嗓门说，"没想到，人'端'、人'端'，今天真成了人'端'。"

自从四十年前，在台北的"和平长老教会"，听老牧师证道时，把"人瑞"说成"人端"，老母就把"人端"挂在了口上。

"本来嘛！人'瑞'多没意思！还是人'端'有道理。"老母说。"活到头了，活到人生的一端，所以叫人端。"想了想，她又笑了，"咱们家有两个人端，一个是我，一个是孙女，我在这一端，她在那一端。哈哈！多有意思。"

家里的两位人端，相差七十二岁，倒是挺能打成一片。我常跟女儿玩不到二十分钟，就觉得累。老奶奶却能跟孙女玩上几个钟头。

我发现小丫头也特别爱奶奶，因为她跟我玩会输，跟奶奶会赢。最起码，她跑得比奶奶快。又因为奶奶耳朵不好，小丫头连躲迷藏都占优势。

只是，这一老一小，玩起来十分吵闹，常影响我创作。譬如她们从路边捡来许多生核桃，剥了皮，当弹珠扔。核桃撞核桃，啪啪有声。

接着，老奶奶又发明把两个干核桃放在双手间搓，让核桃壳摩擦，发出尖锐的声音。

前两天，居然传来金铁交鸣，我吓一跳，冲去看，原来一老一小，各拿一支金属拐杖，学武侠片里的大侠斗剑。

我站在一旁观战，看她们由这头打到那头，既怕小的打到老的腿，又怕老的打了小的手。最后不得不下令：停战！

回到书房，才坐定，却看一老一小已经移师窗外。由小丫头踢球，老奶奶"打"球。

快九十岁的老人家，把拐杖倒拿着，举得高高的，等球一踢过来，就狠狠一挡，用拐杖的把手，将球打出去，居然打得又高又远。

我突然了解，高尔夫球是怎么发明的。

只是既然比赛，旁边又没裁判，祖孙二人就经常争执。在小丫头心里，那不是老奶奶，是玩伴，而且是一种特殊"性别"的玩伴。

"爸爸、哥哥和公公是男生，妈妈和婆婆是女生。"小丫头说，"奶奶不是男生也不是女生，是老太婆！"

据说今天下午，老太婆带着小丫头到公园荡秋千时，又有了争执。小丫头要奶奶推，奶奶推得不好，小丫头不高兴。

回来，两人倒是挺开心。

"她跟我吵架，不理我，可是有人理我。"老奶奶在餐桌上说。

一家人全停下了筷子："谁?"

"我们碰见另外一个老太婆，也带着孙女。那个小丫头主动过来推我们的小丫头。那个老太婆，也过来，叫我坐上秋千，她推我。"老奶奶眼睛里闪出一种特别的光，"她死命推，把我推好高好高，我直害怕，可是，真过瘾!"

我常想，老人家老了，动作慢了、语言简单了、声音变大了，情绪也变得更直接。

他们要我们搀扶、接送、哄骗，还有一份特别的固执。只是因为记忆差，才吵完架，他们已经忘了。

那天老人中心庆生会，我的老岳父带了录影机，录了许多画面。三位老人家常拿来放，一边放，一边叫好。

荧屏上是上百位老人，里面有抗日战争的英雄，也有长春藤盟校的教授和来美大半辈子的老华侨。但是，当彩带飞舞，哨声四起，又有一拍没一拍地唱生日快乐歌时，我真觉得——

那是一群可爱的小孩!

他尽量不说日语。在俄待久了，俄语愈来愈流利，日子也愈过愈自然，取得俄罗斯国籍之后，他仍然没有离开。

直到一九九六年春天，一个远赴俄罗斯教书的日本老师，听说这么一位日本老人，才终于安排蜂谷弥三郎回乡。

据日本外电报道，在鸟取县的车站月台，老人紧紧拥抱别离五十一年的老妻，有着说不完的话。很难想像这两位老人，要用多少日夜，才能诉尽别后半世纪的点点滴滴。

可惜的是，蜂谷弥三郎不能在故乡久待，他必须很快地回到俄罗斯，因为在那里有他后来的妻子正在等待。俄罗斯已经成为他的第二故乡。

◆

蜂谷弥三郎的故事，使我想起美联社报道过的另一个感人的故事。

也是二次大战，也是日本人。

一个年过半百的日本妇人世森，参加了纽约西奈山医院国际医学合作会议的褒扬会，会中颁奖给"广岛少女计划(Hiroshima Maidens)"的有功人员。

一九四五年八月六日，三岁的世森正在外面玩耍，突然一阵漫天的大火袭来。爆炸的原子弹把她所有露在外面的皮肤都灼伤了。她的面孔扭曲变形，双手无法张开，整整十年，她躲在家里，怕别人看到她可怕的样子。

直到一九五五年，美国施行"广岛少女计划"，把二十五位受原子弹之害的日本少女带到美国治疗，世森才重新燃起生命的希望。

在一九九六年五月的褒扬会上，世森接受了记者的访问，她说："我心中没有恨，只有爱，因为美国人打开我的心房、我的思绪、我的感受，并且照顾我，让我成长。"

会议之后，世森并不是回日本，因为她已经入了美国籍，而今住在洛杉矶，不但早结了婚，而且有个做律师的孩子。

◆

在《世界日报》上看到一篇杨爱民写的《抓兵记》。作者说五十多年前，在祖国大陆，兵一不够，就四处去抓。

"未逃的在一个单位待久了，便成为老兵或升为班长，然后他们再去抓新兵。"作者回忆，他就是被抓，当了兵，又出去抓别人的。

有一天，作者在福建莆田的一个小镇上，奉命出去抓新兵。看见田间一个年轻的农夫，就和另外一位同僚过去围捕，经过一番追逐才在河里把那人抓到。

回到营区，连长用扁担把那人狠狠打了一顿，又用脚踢他的胸，令作者很不忍心。但是第二天，当部队出发时，那年轻的农夫已经乖乖地跟着大伙一起行进了。直到半个月之后，有一天在悬崖小径上行军的时候，那人又钻进丛林逃走。

之后，作者到了台湾，做了医生。有一天，来个苍老的病人，看名字，再端详长相，才认出正是当年抓到的那个农夫。据说他逃跑之后，又被另一个部队抓走，所以到了台湾。

作者问他恨不恨。

"恨什么？"那人笑笑，他已经在台湾结了婚、生了孩子，还开了家杂货店。于是，两个人成为好朋友。

◆

看阿根廷获得一九八五年奥斯卡最佳外语片的电影《官方故事 (The Offical Story)》。

故事是真实的，描写七十年代右派军事政府对涉嫌颠覆的左派分子，进行"丑恶战争"时的悲剧。

九千名阿根廷和乌拉圭人失踪，大人不见了，孩子也不见了。原来阿根廷的警方经营了婴儿贩卖网，把关在监狱里的左派人士杀死，再把他们的婴儿，交给没有孩子的军人和警察收养。

电影里，一群失去子女、孙子女的父母、祖父母，举着"还我孩子"的标语牌在街头示威。一个领养了女儿的中学老师看到，怀疑她的孩子是丈夫非法抱来的，于是到医院查询。

那老师没找到自己女儿的资料，却认识了一个一起查询的老妇。隔些日子，发现那老妇居然在女儿学校旁边窥视。

来自乡间的老妇，终于主动找这老师，颤抖着拿出她女儿、女婿以及女儿小时候的照片。

老师震惊了，发现自己领养的女儿，竟跟那照片里的女孩长得一模一样。她发疯似的回去问丈夫："我们的女儿是不是你偷来的？"

真相大白了，她丈夫害死了那对年轻人，夺了他们的最爱。问题是，那个可爱的小女孩，又已经成为"他们"的最爱，而且难以分开。

◆

都是战争的悲剧，都是岁月捉弄人。

千百年来，多少流浪的人，到了异域，成为异乡人，变为原乡人，再去收容来自他故乡的流浪者，且视后来者为"异乡人"。

然后，"异乡人"又成为"原乡人"，喝那里的水，吃那里的粮食，埋在那里的土地下。

可能碑文仍用他祖先的文字，可能两种文字并列，如同他们活着的时候，用两种语文思想、交谈。

总想起那流落俄罗斯的蜂谷弥三郎，乡音无改鬓毛衰，只是故乡虽是故乡，也不再是故乡。乡音是"母语"，却不是"儿语"。他的儿孙，早已不懂日文。

眼前也总是浮现蜂谷弥三郎在月台上离别的画面。五十一年念着他、守着他、姓他姓的久子，是有情、是老妻，但是当年短短的婚姻，怎能跟异乡另一段婚姻的几十年相比？

被强迫、被捕捉、被劳改、被监视、被软禁，都已经成为了往事。如同挣扎过的野马，在被驯服之后，就习惯于新的主人与马鞍，就不再想念那"当年的原野"。

战争成为历史，历史没有错误。它只是发生，永不回头。

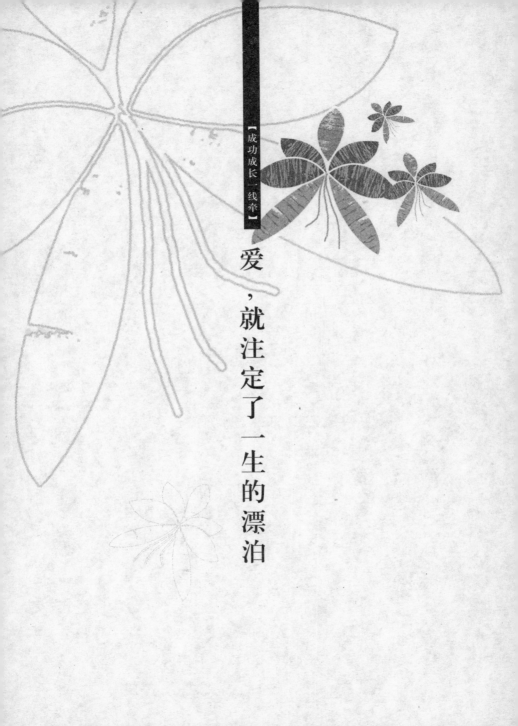

爱，就注定了一生的漂泊

一生能有几个家

下班，我们糊涂了，
不知该回自己的宿舍，
还是去恋人那儿？
宿舍里什么东西都是自己的，
却好孤独，不像家。

一位多年不见的朋友，突然打电话给我，说他的女儿将到纽约来巡回演唱，因为车上装了很多贵重的器材，不方便住旅馆，能不能在我家住几天。

"那个跟我玩过飞盘的小丫头？"我问，"已经巡回演唱了？"

"是啊！二十七了，唱乡村民谣，还有点小名气呢！"

女孩子来了，请她在餐馆吃饭。

"这次一共安排了十七站，由南到北一路演出，还有四场就结束了。"女孩兴奋地说，"就可以回家了，好高兴！"

"你爸爸妈妈一定也会好高兴。"我说。

"噢！不！"她笑着摇摇头，"不是回我爸爸妈妈的家，是回西雅图的家。"

我怔了一下，问："你结婚了?"

"没有!"她缩缩脖子、摊摊手，又一笑，"但是我有个男朋友，在西雅图。"

◆

当天晚上，我睡得很晚，因为儿子也正好结束马来西亚的巡回演讲，回到纽约，我们得为他等门。

飞机十点半才降落，算来到家总要一点多了。

"儿子跑了那么大一圈，没病，演讲又成功，我很高兴。"我对妻说，"相信他也有如释重负的感觉。"

电视里正播着克林顿总统到中国访问结束，回到美国的画面。我指着电视说：

"你看! 连克林顿都表现了那种'回家真好'的感觉。"

"回家当然好，有吃有住，又能睡大觉，什么都不用操心。"妻淡淡地说。

我却心一惊，想到正在家做客的女孩子，对妻说："可是，在儿子的心里，会不会觉得这里是家呢? 还是他在波士顿的家是家。他在那儿有女朋友，是不是那里就成为家了呢?"想想，又说：

"当他旅行的时候，会不会想家? 他又是想哪个家呢?"

　　我住的地区，有不少"空中飞人"。

　　虽然那些男人号称"家长"，但是一年见不到他们几天。

　　他们的事业都做得很大，常在世界各地跑。像我的一位近邻，就总是到中国大陆去买丝，拿到意大利织染，再送到法国剪裁，然后运回美国卖。

　　由于他在每个国家都有工厂，所以跟他聊天，只听他不断说"我回意大利"、"我回法国"、"我回美国"。

　　有一天，我好奇地问：

　　"你每个地方都是'回'，请问，哪里是你真正的家？"

　　"当然是这里。"他指了指脚下。

　　"但是你一年只怕留在家里不超过三个月呢！"我说。

　　他歪着头，想了想，笑起来：

　　"可不是吗！"接着面色一整，说，"但是家就不一样。你不能用待的时间长短来衡量对家的感觉。你看！那些在曼哈顿上班的人，有时候早出夜归，在外面比在家的时间长多了，家还是家啊！你的心在哪里、情在哪里，哪里就是家。"

　　九十一岁的老母突然对我说：

　　"我想回台湾。我想家了！"

我吓一跳，问她："这里不是你的家吗？"

"是我的家！"老母幽幽地说，"可是弟弟、妹妹都在台湾，那里也是我的家。我想他们，我想回那个家了。"

"你还有一个妹妹在上海，上海也是你的家喽？"我又问。

"对！如果身体好，我也想去看你二姨。上海我住过好多年，那里也是我的家。"

我在老母身边坐下来，忧心忡忡地看着她，说：

"但你已经九十一岁了，前年去佛罗里达，才飞三个钟头，就累病了。如果再飞十六个小时，只怕得抬下飞机……"

老人一笑：

"抬下来也好，我就真回家，回老家、回天家了！"

◆

有个学生的父亲，七十了，还如同年轻时，是个"老花花公子"。

"你爸爸还常不回家吗？"有一天我问学生。

"您应该问'他还常回家吗？'"学生笑笑，"他偶尔回来。一进门就要吃要喝，吃喝完了，就去睡大觉。"学生露出鄙夷的表情："那不是回家，是回旅馆！睡饱了，又跑了！"

不久前，那男人病了，回到家就病倒在床，躺了三个多月。

总听学生说带父亲去看病，母亲不但白天喂饭，夜里还要做扶父亲上厕所这些辛苦事。

起初学生还露出鄙视的表情，瞧不起这个不负责任的爸爸。但是渐渐，她的态度改了。

有一天，她慢慢沉沉地对我说：

"我发现，爸爸还是把家当家的。他就像是一艘船，扬着帆到四海游历，每个港，他都停泊，但是，当有一天，他的船坏了，要沉了，他会拼着命赶回'自己的海港'，只有那个港，才是他心中真正的家。"

"他为什么非赶回那个港呢？"

"因为只有他家乡海港的人，才会收留他这艘破船；只有他家乡的人，才清楚那条船，可以为他修理。"

◆

这世界上什么地方是我们真正的家？

小时候回家，是回爸爸妈妈的家。

渐渐，我们大了，出去念了书、做了事，有了自己的宿舍。我们每天回一个家，逢年过节回另一个家。

两个家都是家。

再过些年，我们有了恋人，有时候不住在自己的家里，睡进了恋人的家。

下班，我们糊涂了，不知该回自己的宿舍，还是去恋人那儿？宿舍里什么东西都是自己的，却好孤独，不像家。

想想远处的父母，那里不孤独，应该像家。却又不如恋人的那扇小门，那么吸引我们。

然后，两个人把东西凑在一块儿，创造了共有的天地，创造了共有的娃娃，世上再也没有什么地方能比得上这个家。

我们可以做"七海游侠"、可以登上圣母峰、可以下到吐鲁番洼地、可以进入亚马逊雨林、可以横过撒哈拉沙漠，但是，无论在多么酒酣耳热、声色犬马之际，我们总明白自己有个"真正的家"。

只是，家中的孩子，迟早会有他们自己的家。不再把儿时的家当作"真正的家"，如同我们年轻时一样。

家里的另一半，也可能先离开家。

剩下那个单身的老人，踽踽独行，心中说：

"我要回家!"

家在哪里？是那个满藏记忆，却冷冷清清的房子？还是尚在人间的"手足的家"？"子女的家"？

◆

一生，我们换过多少家？

恐怕只有到那么一天——

世间再没有一个能修我们这条破船的家时，这"换家"的游戏才会结束。

我们到达最后的一个家——天家!

那一定是个非常温馨的家吧!因为再没见过哪个浪荡子"离家出走"。

于是,我想:

当我们敲天家的大门,打开来,必定正有一群亲友等在那里,给我们欢迎的拥抱,并为我们缝缀破了的帆、伤了的心、沉了的船和死了的爱……

爱，就注定了一生的漂泊

你们爱自己的家，
你们睡在家里面！
我爱这个世界，
我睡在世界的每个地方。
你们都是我的家人，
我爱你们！

飞机起飞了两个多钟头，心里始终不踏实，觉得好像遗忘了什么，看见有乘客拿出一卷长长的东西，才想起为纽约朋友裱好的画，竟然留在了台北。

便再也无法安稳，躺在椅子上，思前想后地怨自己粗心，为什么临行连卧室也没多看一眼，好大一卷画就放在床上啊！想着想着，竟有一种叫飞机回头的冲动，浑身冒出汗来，思绪是更乱了。

其实一卷画算什么呢？朋友并非急着要，隔不多久又会回来，再拿也不迟，就算真急，常有人来往台美之间，托带一下，或用快递邮寄也成啊！但是，就莫名地有一种失落感，或不只因那卷画，而是失落了一种感觉。

从台北登车，这失落感便浓浓地罩着。行李多，一辆车不够，还另外租了一部，且找来两个学生帮着提，免得伤到自己已经困扰多时的坐骨神经。看着一包一包的行李，有小而死沉的书箱，长而厚重的宣纸，装了洪瑞麟油画和自己册页的皮箱，一件件地运进去，又提起满是摄影镜头和文件的手提箱，没想到还是遗忘了东西。

什么叫做遗忘呢？两地都是家，如同由这栋房子提些东西到另一栋房子，又从另一户取些回这一户。都是自己的东西，不曾短少过半样，又何所谓失落、遗忘？

居然行李一年比一年多，想想真傻，像是自己找事忙的小孩子，就那么点东西，却忙不迭地搬过来搬过去，或许在他们的心中，生活就是不断地转移、不断地改变吧！

当然跟初回台湾的几年比，我这行李的内容是大不相同了。以前总是以衣服为主，穿来穿去就那几套，渐渐想通了，何不在两地各置几件，一地穿一地的，不必运来运去。从前回台，少不得带美国的洗发精、咖啡、罐头，以飨亲友，突然间台湾的商店全铺满舶来品，这些沉重的东西便也免了。

取而代之的，是自己的写生册、收藏品和图书，像是今年在黄山、苏州、杭州的写生，少说也有七八册，原想只挑些精品到纽约，却一件也舍不下。书摊上订的《资治通鉴》全套、店里买的米兰·昆德拉、《李可染专辑》、《两千年大趋势》，甚至自己写专栏的许多杂志，都舍不得不带。

　　算算这番回纽约，再长也待不过四个月，能看得了几本《资治通鉴》？翻得了几册写生稿？放得了多少幻灯片？欣赏得了几幅收藏？便又要整装返回，却无法制止自己不把那沉重的东西，一件件地往箱里塞。

　　据说有些人在精神沮丧时，会不断地吃零嘴，或不停地买东西，用外来的增加，充实空虚的内在，难道我这行前的狂乱，也是源于心灵的失落？

　　不是说过这样的话吗：

　　"挥一挥衣袖，不带走一片云彩。其实东半球有东半球的云，西半球有西半球的彩，又何须带来带去！"

　　但毕竟还是无法如此豁达，也便总是拖云带彩地来来去去。

　　所以羡慕那些迁徙的候鸟，振振翼，什么也不带，顶多只是哀唳几声，便扬长而去。待北国春暖，又振振翼，再哀唳几声，飞上归途。

　　归途？征途？我已经弄不清了！如同每次回台与返美之间，到底何者是来，何者是往？也早已变得模糊。或许在鸿雁的心底也是如此吧！只是南来北往地，竟失去了自己的故乡！

　　真爱王鼎钧先生的那句话——

　　"故乡是什么？所有故乡都是从异乡演变而来，故乡是祖先流浪的最后一站。"

　　多么凄怆，又多么豁达啊！只是凄怆之后的豁达，会不会竟是无情？但若那无情，是能在无处用情、无所用情、用情于无，岂非近于"无用之用"的境界？

至少，我相信候鸟们是没有这样境界的，所以它们的故乡，不是北国，就是南乡！当它们留在北方的时候，南边是故乡；当它们到南边，北方又成为祖先流浪的最后一站。

我也没有这番无所用情的境界，正因此而东西漂泊，且带着许多有形的包袱、无形的心情！

曾见一个孩子，站在机场的活动履带上说："我没有走，是它在走!"

也曾听一位定期来往于台港，两地都有家的老人说："我没有觉得自己在旅行，旅行的是这个世界。"

这使我想起张大千先生在世时，有一次到他家，看见亲友、弟子、访客、家仆，一群又一群的人，在四周穿梭，老人端坐其间，居然有敬亭山之姿。

于是那忙乱，就都与他无关了，老人似乎说："这里许多人，都因我而动，也因我而生活，我如果自己乱了方寸，甚或是对此多用些心情，对彼少几分关照，只怕反要产生不平，于是什么都这样来这样去吧！我自有我在，也自有我不在!"

这不也是动静之间的另一种感悟吗？令人想起《前赤壁赋》中"盖将自其变者而观之，则天地曾不能以一瞬；自其不变者而观之，则物与我皆无尽也"。苏轼不也在动乱须臾的人生中，为自己找到一份"安心"的哲理吗？

但我还是接近于陈子昂的"前不见古人，后不见来者，念天地之悠悠，独怆然而涕下"。也便因此被这世间的俗相所牵引，而难得安宁。

看到街上奔驰的车子，我会为孩子们担心。看见空气污染的城市，我会为人们伤怀。甚至看见一大群孩子从校门里冲出来时，也会为他们茫茫的未来感到忧心。而当我走进灿烂光华布满各色鲜花的花展时，竟为那插在瓶里的花朵神伤。因为我在每一朵盛放如娇羞少女般的花朵下，看到了她被切断的茎，正淌着鲜血。

而在台北放洗澡水时，我竟然听见纽约幼女的哭声。

这便是不能忘情，却又牵情太多、涉世太深的痛苦吧！多情的人，若能不涉世，便无所牵挂。只是无所牵挂的人，又如何称得上多情？

临行，一个初识的女孩写了首诗送我，我说以后再看吧！马上就要登机了，不论我看了之后有牵挂，或你让我看了之后有所牵挂，对我这个已经牵挂太多的人来说，都不好！

只是那不见、不看、不读，何尝不是一种牵挂！

猛然想起，有一次在地铁车站，看见一个衣衫褴褛，躺在墙角的浪人，大声对每个走过眼前的人喊着：

"你们爱自己的家，你们睡在家里面！

"我爱这个世界，我睡在世界的每个地方。你们都是我的家人，我爱你们！"

也便忆起前年带老母回北京，盘桓两周，疲惫地坐在返台飞机上，我说："回家了！好高兴！"又改口讲："台北是家吗？还是停几周飞美时，可以说是回家？但是再想想，在纽约也待不多久，又要返台了！如此说来，哪里是家？"

"哪里有爱，哪里有牵挂，放不下，就是家！"

"世界充满了美，让我牵挂；充满了爱，让我放不下！"我说，"台北是家，纽约是家，北京是家，巴黎是家，甚至小小的奈良也是家！"

爱，就注定了一生的漂泊！

爱娃娃的司机

有人自己的小孩死了，
偷偷埋掉，
又去偷别人的小孩，
冒名顶替，变成他死掉的孩子……

"好可爱的娃娃照片啊!"一进计程车，我就喊了出来。

从天到地，到处都是小孩的照片。仪表板上放了三个相框，前面座椅的背后，也贴满了。连车门上都密密麻麻的，一张连着一张。

大概受到阳光的照射，有些已经褪色了。但还看得出轮廓，其实看不看也猜得出，因为整车子的照片都是同一个娃娃。

"一定是你的小孩!"我笑着说。

他嗯了一声。

"真可爱! 怪不得你会贴满一车子。"我说，"看来大约三岁。"

"七岁了!"

"七岁？"

"下个月五号就七岁了。"

"可是这些……"

"都是三岁时拍的。"

"啊！我懂了。为什么不贴几张新的呢？你看！有些都褪色了。"我指指门边的一张。

"因为没照。"

"没照？"我又一愣，"太可惜了！这么可爱的娃娃，应该每年都拍几张，将来拿出来看，看他是怎么长大的。"

他没说话，转进杭州南路，车子突然煞住，原来有几个小学生站在马路旁边，他停下车，等孩子们过街。

后面车子猛按喇叭。孩子没动，原来只是站在街边玩，不是要过马路。

车子向前移动，他摇下车窗，狠狠地瞪着那些孩子。

"不要骂！小孩子嘛！"我说。

"我没要骂！"他没好气地说，"我看看！"

"对不起！我误会你了。原来你这么爱孩子，怪不得贴这么些照片。"我笑着哄他："我也有个女儿，今年七岁。"

"喔！"他的肩膀抖了一下，侧过脸："上学了？"

"上小学了！"

"你有没有看过你女儿的同学，有哪一个，长得像这个小孩？"

"她的同学都七岁了，你这些照片，才三岁，我怎么看得出？"

突然，刷，一张大照片伸过来，差点打到我鼻子。是个六七岁的小孩照片。

"你还说没拍，明明就有，为什么不挂出来？"我笑着接过，对着外面的光线看。

照片虽然有七八英寸，但是有点模糊。

"有没有长得像的？"他看着前面，冷冷地问。

"没有！"我把照片递回去，"我忘了跟你说，我女儿在美国念书。"

"在美国？为什么不早说？你真走运，美国人有'林白法案'，专门对付偷小孩的人。"

"你不错嘛！你知道'林白法案'。"我给他鼓了两下掌。

"我知道的多了！"他沉沉地说，"你知道在台湾，失踪多少小孩吗？"

"不知道！"

"告诉你！两百多个！"

"天哪！是绑架吗？"

"也不一定是绑架勒索，多半是偷去卖！"

"卖给谁呢？"

"哼！"他狠狠地哼了一声，瞟了一下后视镜，"卖给谁？卖给要买的人。"

"买别人小孩干什么？"

"当自己的啊！骗自己啊！有人自己的小孩死了，偷偷埋掉，又去偷别人的小孩，冒名顶替，变成他死掉的孩子，搬个家，谁知道？"

"天知道!"

"算了吧! 天知道个屁! 天要是知道, 早就帮忙找了! 这年头啊! 连人都不帮忙, 大家都怕事。"碰上红灯, 他转过身, 瞪着我: "你知道吗? 天母有家百货公司, 日本人开的, 有客人的小孩不见了, 百货公司立刻把所有的铁门都关起来, 一楼一楼找, 最后在厕所里找到, 小孩睡着了, 连头发都被剃光了!"他狠狠拍一下方向盘: "这是日本人! 要是在我们人开的公司里, 孩子早不见了!"

转成绿灯, 他突然猛踩油门, 车轮发出刺耳的尖叫: "拐小孩的, 不如给大人一刀, 把父母杀掉算了!"

我不懂, 没吭气。

"杀掉, 是短痛; 孩子不见了, 是长痛, 天天都在痛、一家都在痛。"

"是啊!"我低声附和。

"你知道吗? 有人为了找小孩。会辞掉高薪的工作, 每天开着车, 大街小巷地找。"

"这样也不是办法, 天天找孩子, 怎么赚钱生活?"

"想办法啊!"

车子减速, 停在师大门口。他把钱找给我, 从车窗里盯着校门看。喃喃地说:

"电脑合成照片认不出来, 要靠感觉。有一天, 我会停在这个大学的门口, 盯着每个学生看。看里面, 有没有我的儿子。"

柜子深处

她却毫不犹豫地俯身下去，
脸孔几乎贴到地板上，
探手到柜子的最深处，
拿出一个小相框。

女主人先用白色的餐巾擦了擦手，再一手扶着壶盖、一手握着把子，为三人将茶注满，那小心翼翼的动作，像是惟恐弄出一些声音，破坏了这冬日午后的安宁；又仿佛怕手印会留在那蕴藉而光可鉴人的银器上。此刻黄色的日光，正由落地窗间洒入，在小餐桌四周，散射成一圈圈的光晕。

"以前这个时节，常有成群的年轻人，到我们后院来看梅花，又叫又笑的，吵得要死!"女主人说。

老人轻轻放下杯子："带你到我的学社看看吧!"便起身向里屋去了。

"他真是喜欢你，除了我们的儿子，他不曾带过任何人去他的学社，或许是因为你长得像理查吧!"

双层巴士的顶层，是最适宜欣赏暮冬景色的，两边的行道树从车窗间掠过，已依稀可见枝梢深红的叶子和其间的嫩芽。

"再过两个礼拜就是春天了！然后慢慢进入夏季，伦敦最美的时候。至于南半球，枫叶早就红了，跟着高山上会飘雪。以前说什么春去春回，其实哪个季节都不曾真正去过。当然也可以这么说，在北半球春回了，南半球春却远了。"

居然一下子飘起细雨，白白地，有些像七星山间那种带着雾的冷雨。老人直挺挺地走，肩头开始变成深黑的颜色，后面望去，像敛翅的兀鹰，那快速而宽长的步子，竟使我有些急促地追赶。

会社的建筑散发出一种霉湿与古老书籍混合的气味，中间的天井，靠上面半透明的玻璃顶，洒下些光亮，回廊小桌前坐着已经半僵硬的许多人影，也有些似有似无的低语，夹在翻书页的声音中。廊后较大的厅内，古老的地毯，仍在炉火的跳动下，显出厚重的深红色，从巨大的沙发椅背后，可以看到的是一个个白发的头颅。

老人已经是三十多年的会员，高大的身躯和浓重伦敦腔的英语，竟使人很难分辨他是中国人。大概不用张开眼，他已经可以算出地板木条的数目，转过廊角，进入大厅，把脚步停在一组沙发前。

"这是查理，不是理查，可不是有些像吗？"

对面欠身缓缓站起的老人不断地点头。

"安妮好吗？"

那老人又点头。

"理查的岳父，是个爵士！"回程车上，可以看见路面映着伦敦高楼的灯火。

晚餐已经上桌，是附近中餐馆老板送来的，餐馆原本属于老人，突然让给了他以前的司机经营。

女主人愉快地寒暄，问些会社里的事。

"安妮要结婚了！"老人冷冷地说。

"噢，是吗？我们真是该为她祝福的！"

饭后老人早早就寝了，女主人在起居室一角看几段哑巴的电视，广告时站起身打几个转，又坐回椅子继续看。我则坐在客厅间翻着杂志。

"来，我带你看样东西！"女主人突然出现在我面前，匆匆地向门厅入口处走去，停在一个古老的柜子前，蹲身打开最下层的柜门，里面放了许多老旧的桌巾，但她却毫不犹豫地俯身下去，脸孔几乎贴到地板上，探手到柜子的最深处，拿出一个小相框。

"这是理查，在安第斯山顶拍的，他喜欢爬山，英国的山爬遍了，又去南美爬！"

相框中的年轻人，高高坐在一块巨大岩石的顶端，后面可以看见渺小的千林万木。

"是不是跟你有些像？"女主人小心地收回去，再以原先的姿势塞回柜子里，"我们的独子，剑桥大学毕业，这是三年前拍的。"

电视声没了，女主人想必也休息去了。却见老人宽大的黑影从里面转出来，又走向门厅。很清楚地看见，那头灰发在黑暗中贴到地板上。

　　"睡不着觉，找出一样东西给你看!"老人把相框递到我手中，"这就是理查，我太太怕我看到，藏在柜子里头，她自己却忘了，所以不要告诉她我给你看了照片。"说完赶紧又收回去，匆匆走向柜子，小心翼翼地循着女主人一样的路线，吃力地伏在地上，把照片塞回柜子的最深处，再轻手轻脚地把柜门关好，忍着喘息站起身："理查登山失事那年照的!"

家，可爱的牢笼

"它认这个监牢是家了！"我笑道。
"家本来就是个监牢嘛！"妻说。

家里养了一只兔子，看它成天关在铁笼里，实在可怜，决定冒个险，放到院子里跑跑。

铁笼被提到院子，一家人围着，严防它窜进四周的树丛。

妙的是，笼门打开，它竟然不出来。不得不伸手进去拖，却又一溜烟地跳回笼子。甚至将它抱到树丛边，一松手，它仍朝着自己的铁笼冲去。

看它瑟缩在笼角喘气，实在有点好笑，这笼子明明是用来关它的，使它失去了自由，它居然宁愿待在里面，似乎觉得里面更有安全感。

"它认这个监牢是家了！"我笑道。
"家本来就是个监牢嘛！"妻说。

　　每次跟儿子不高兴，父子两人吵得面红耳赤，隔不了多久，又在一起嘻嘻哈哈。我的母亲就会用北京的土话调侃："野鸡打得满天飞，家鸡打得团团转。"意思是，外人一打就跑了，自己人却怎么样还是亲。

　　记得小时候，家里养了十几只鸡。每次杀鸡，大概怕弄脏了厨房，母亲都在院子里的泥土地上行刑。

　　当被杀的鸡惨叫着挣扎时，一群鸡都躲在远处看。杀完一只，不够，再从鸡群里抓一只。抓的时候固然一片"鸡飞"的混乱，行刑时却又是围观的场面。

　　我一直不解，为什么这些鸡明明知道，迟早自己难逃一刀，却不会逃跑。

　　竹篱笆有个裂缝，鸡们常溜出去啄食，可是黄昏之后数一数，绝对像是"晚点名"似的，统统回来老巢报到。

　　怪不得剿匪的时候，总说要直捣老巢。据说通缉犯有将近一半是在家里被抓。越狱的人，常因为忍不住跟家里联系，被窃听了电话，而留下线索。好多个枪击要犯，不也正是在搂着爱人睡觉时落网吗？

　　一阵枪战结束，墙上打得像蜂窝，枪击要犯血流一地，那爱人却往往毫发未伤，不是警察的枪法好，而是要犯把爱人赶到了一边。

　　赶不走，要犯就自己冲出去。被打死！

　　这就是家，有爱，真真实实的爱，也有牺牲。什么江洋大盗，杀人不眨眼的十恶不赦之徒，在家里，都可能是个完美的丈夫和父亲。

　　有一种鸟，我忘了名字，只记得在生物影片里，看到它被猎人击中，歪歪斜斜地落在地上，且不断拍着一只翅膀翻滚。

　　当猎人走近，它却一振翅，飞了。

　　影片里解说，这是伪装受伤，目的在诱骗敌人远离它的家。聪明的猎人，遇到这情况，只要在自己身边找，一定会发现那鸟的老巢。

　　老巢是最脆弱的，因为里面有自己的爱，脆弱的不是巢，是爱！

　　什么好汉，你若掀了他的巢，他就要疯狂；你若抓住"小的"，他就可能束手就擒。无怪乎求道成佛的人要出家，家就是"枷"，如同我家兔子的铁笼，看来是层保护，实在是个枷锁。

　　所以，与"无欲则刚"这句话相当的，应该是"无家则强"，你没见那章回小说中，叩头求饶的人泪流满面"我上有老母、下有幼子"吗？至于"引刀成一快"，笑称"人头落地，不过碗大个疤，二十年后又是一条好汉"的人，则八成没有妻小。

　　实际夫妻小孩在一个人的心里，恐怕远重于他的父母。这是天性，也是天职，不得不承认的事实。

　　有一天读米兰·昆德拉的小说《不朽》，里面女主角说自己母亲的一生，只是由上一个家庭到下一个家庭。

"真有道理，哪个人不是由上一个家庭到下一个家庭呢?"我对妻说，"我们一辈子都生活在家里!"

"但不一样!"妻笑道，"上个家是父母的，下个家才是自己的! 自己建筑起来的，有自己的孩子，才是真正自己的家。"

"我想你有点自私。"

"不自私，怎么能叫做自己的家?"

有位老同学，开了个补习班，家就在教室后面。朋友来，如果没课，则拿教室当客厅。许多次同学会，都选定他们"家"举行，因为地方大!

最近，补习班扩张，不得不把后面的卧房改为教室，两口子只好到附近买了一户小公寓。

到他们家去，两口子正好在挂窗帘，顶楼热，地方又小，活像个鸽子笼。

"是像鸽子笼。"女主人说，"可是结婚这么多年，我第一次有了家的感觉。以前，我是结婚之后，搬到他的补习班后面住，走进走出，人家还以为我是学生。直到现在，两个人一起找房子、搬家、买东西、挂窗帘，感觉真好。我宁愿住个鸽子笼!"

走出他们的公寓，看两口子在铁栅栏后面笑着挥手，突然想起我的兔子。觉得酸酸的，甜甜的，很美!

谁是真妈妈

"起先我很想冲过去,
对我的孩子喊:
'别忘了！那个女人不是你妈妈,
我才是你真正的妈妈！'"
她沉吟了一下，"但是后来我改了……"

到大连的少年儿童图书馆为读者签名。人太多，在图书馆里排了一圈又一圈，排到了门外。而外面，正是零度气温的隆冬。

"每个人只能签一本！""翻到你们要签的那一页！""不能握手了，不能握手了！""不准照相！不准照相！"

签名会的主办人员一边喊，一边推那些签完名却不肯离开的人，从他们焦急的样子，似乎只欠没对我吼："刘老师！快点！别再跟学生说话了！"

尽管千叮万嘱，来签名的人还是会编各种理由，希望我能多签一本。

"您看，我买了几十本！"有个男学生举起一包书给我看。

"我是为同学带的，他生病不能来!"一个女学生愁眉苦脸地说。

"我今年都八十啦! 孙子叫我来，看在我老，多签一本吧!"一位老奶奶说。

可是，无论他们怎么说，我都坚持只签一本。我知道只要为某人多签一本，其他人就会抱怨不公平，甚至已经离开的人都会冲回来，要求"比照办理"。

而室外，还有一条长长的队伍，站在冷风中。

我一边不断点头、不断握手、不断致歉，一边偷偷为自己能坚持"只签一本"、决不动摇的原则而自得。

轮到一个中年的妇人了。啪啪! 她居然放了两本书在我面前，以很快的速度，小声说: "我是后娘，前头生了个女儿，我又生了个女儿，两个人都要，我该给谁? 您说，我怎么办?"

我怔了一下，但只有半秒钟的时间，立刻低下头，为她把两本书都签了。

◆

在台北看电视新闻，播出个悲惨的画面。

一个嫁到台湾的日本女人，为亲戚带孩子，孩子从窗子跌落楼下，摔死了。

那日本女人居然抱着自己亲生的孩子，也跟着跳了下去。

"惨哪! 惨哪! 可是不这么做，怎么交代呢?" 一起看电视的朋友说，"摔死自己的还好办，摔死人家的，该怎么解释?"

他的话使我想起以前在文章里所讲的 "在紧要关头，每个人都会先顾自己的子女"。结果收到一个妈妈的来信，说她是后母，到了紧要关头，如果只能救一个，她会救 "前面那个女人" 生的孩子。

"因为我的孩子没了，我年轻，还能生。" 信里写着，"但是我丈夫的前妻死了，我必须为她留下一个骨肉啊!"

◆

同样的情况发生在另一些人身上，却完全不是那么回事。

那是个 "电视配对" 的节目。许多离婚或丧偶的人，各自讲他们的遭遇，然后在节目结束前，选择他们欣赏的 "对方"。

多半都是离婚者，也多半诉说 "前一半" 的不是。似乎即使已经分离多年，都无法平复他们心中的怨恨。

只有一个三十出头的男人不一样。因为他的妻子是车祸丧生的。他拿着亡妻的照片，说着说着，哭了。对面好几个女人和许多观众，也湿了眼眶。

终于到按铃择偶的时刻了，我猜那有情有义的年轻男士，一定会获得许多女士的青睐，岂料，他居然一票也没得到。

"他有一个孩子，我也有一个孩子，我不知道怎么办!"

"他太爱他太太了，活人怎么跟死人去比，我怎么跟他死掉的太太抢他心里的地位?"

还有一位女士，想得更多——

"他的女儿现在还小，但是以后愈长愈大，不但愈来愈难管，而且愈长愈像妈，好像前妻和后妻住在一起，太麻烦了!"

◆

看《读者文摘》，Lynn Schnurnberger写的《继母的福气》。

那继母一开始，一点福气也没有，丈夫和前妻生的小女儿不但对着后母横眉竖目，大肆咆哮，而且像小野马似的，用两条腿狠狠踢后母的脸。更让后母痛心的是，有一次后母责备她，她不假思索地喊："你不是我真正的妈咪!"

在后母的爱心灌溉下，情况渐渐缓和了，有一天小丫头在床上大叫："妈咪! 妈咪!"

后母犹豫了一秒钟，跑过去抚慰。却心想："她究竟是呼唤我，还是呼唤她的生母?"而那是她第一次听见小丫头喊"妈咪"。

整篇文章最令我感动的是，当小丫头有一天跟后母发脾气，又大喊"你不是我真正的妈咪"时，后母心平气和地回答："我是你的妈咪，我虽不是你的第一个妈咪，不过我实实在在就是你的妈咪。"

◆

什么是妈咪？

妈咪是生我们的女人，还是抚慰我们、照顾我们、引导我们长大的"父亲的伴侣"？

抑或妈咪也不必是父亲的伴侣，只要能给我们如同母亲般爱心的女人，就可以被我们称作妈咪？

想起我认识的一个离了婚的女人。

离婚时，孩子留给了前夫，前夫又娶了新的太太。

这离巢的妈妈常偷偷在远处看她孩子上学、放学、"一家人"出门。

"虽然离婚是因为你出轨，"有一天我问她，"但你还是有权利去探视自己孩子的。你为什么不光明正大地去呢？"

"起先我很想冲过去，对我的孩子喊：'别忘了！那个女人不是你妈妈，我才是你真正的妈妈！'"她沉吟了一下，"但是后来我改了，我发现那个女人疼我儿子疼得要死。她每天送我儿子上下幼稚园，又抱又亲。我好惭愧，想到以前，有一天我去跳舞，回家晚了，发现孩子饿，自己翻冰箱，翻了一地，就把他狠狠揍了一顿。我惭愧，我觉得那个女人不是后母，是我儿子真正的妈妈，我才是后母，是那躲在后面的母亲。"

◆

　　每个生母，如果不能表现母爱，都是后母。
　　每个后母，如果能视同己出，都是亲爱的妈妈。
　　而今每当我在签名会上斩钉截铁地宣布"每人只签一本，决不多签"的时候，都会想到大连那个自称后母的女人。
　　我知道，如果再碰上她，我的原则还是会动摇的。

生与爱的使命

我们生孩子，是为了"创造宇宙继起的生命"，
使无穷的将来有了无穷的希望，
抑或只是承担上天交下来的一份任务？

　　有个朋友，年未四十，已经生了七个孩子，大家都笑
说："这是什么时代了？还以多子多孙为贵？"连他的父母
都叹气："最重要的是把孩子教好，如果教不好，不如不
生！"

　　朋友却有他的道理："就算我因为孩子多，没能个个教
育好，他们将来总还会结婚生子，谁敢说他们也一定教不出
好孩子呢？所谓'歹竹出好笋'，迟早生出个圣贤伟人，如
同孔子的爸爸不怎么样，却能生出孔子。"朋友得意地笑笑。
"所以我并不求这一代杰出，只要香火传下去，将来子孙有
好的，就成了！"

　　还有位朋友，已经是高龄产妇，却坚持不做羊膜穿刺的

检查，结果生下个痴呆儿。

消息传来，大家都有些失措，不知该怎么表现。是装不知道孩子有毛病，照常去道贺，还是不作任何表示，免得触到对方的伤处？

正犹豫，朋友居然自己拿着婴儿的照片四处报喜，而且毫不掩饰地说："长得真可爱，只是稍稍有点毛病，痴呆症！"

再过不多时，她便把娃娃抱到了办公室，大家表面夸赞孩子长得好，只是窃窃私语："光看眼神，就知道不正常。"

岂知做母亲的居然搂着孩子说："你们有没有发现，他比别的孩子看来快乐？痴呆症的孩子想得少，容易满足，所以特别快乐！"又像是得意地说："这世上总有人要生痴呆儿，我分担一个，有什么不好？"

读郑板桥的《逃荒行》长诗，每次都让我感动得流泪。

诗中的男主角，灾荒中失去妻儿之后，在路边发现别人遗弃的婴儿，竟然不忍心地把孩子抱起，放在挑着的担子中，四处找妇人喂奶。

孩子在怀中咿咿出声，似乎喊爹娘，岂知被自己的父母遗弃，又被一个曾经遗弃子女的人抚养。

郑板桥跟着写了一首《还家行》，描写这逃荒人，在灾荒过去之后，找到自己的妻。那妇人已经嫁给别家，并生了一个正在哺乳的孩子。

当妇人听说前夫找来，心中"且喜且彷徨"，因为"大义归故夫，新夫非不良"。最后还是不得不跟着原来的丈夫走，把幼儿留给了新的丈夫。

诗里生动地描绘了当母亲把孩子放下的时候，真是心如刀割，而那婴儿也似乎知道将与生母别离，抱着妈妈的颈子不放，硬拉开之后，满脸泪水地在地上翻滚、哀号。

诗最后，写那新夫抱着孩子躲到邻家，背靠着大树，不忍看爱妻离开，一个人把孩子抱回家，孩子整夜哭，父亲则彻夜难眠。

每次读这首诗，我都想：后来那逃荒者虽然寻回了妻子，养育的却是路上捡到的孩子。自己在逃荒时遗弃的亲生子女，只怕也被别人收养。至于妻在外面生的孩子，必然又有了一个后娘。

这当中表现的是崇高的人性，还是上天的作弄、命运的无奈？

我们生孩子，是为了"创造宇宙继起的生命"，使无穷的将来有了无穷的希望，抑或只是承担上天交下来的一份任务？

那么是否当我们生了孩子，也就不必计较由谁养育？更扩而大之，养别人生的孩子，也算尽了一份天职？

或许那正是"不藏于己"、"不必为己"，以及"不独亲其亲、子其子"的境界吧！

【成功成长一线牵】

发

传　家　宝

困苦的时候常想想你有这个宝，
你就不会自叹不如人。
但是，记住!
你绝对不能卖了这幅画……

家道中落的父亲，临终，把独子叫到床前，指指床下，
颤抖着说：

"这儿有一幅画，是唐代王维的真迹，你爷爷留下来
的。"苦笑一下，"这么多年来，家里的钱被人坑的坑、倒
的倒，可是我始终守着这幅画。我心里很踏实，我自己告诉
自己，我还有路，真绝了，还能把这幅画卖掉。就这样，我
居然撑下来了，能把这幅画，好好交到你手里。"

话说完，老人就咽了气。

丧事办完，儿子在老母的陪同下，拉出床下的铁箱子，
打开来，果然有一幅精裱的古画。象牙的轴头，织锦的卷
首。展开来，虽然绢色早已变暗，但是笔力苍劲，一看就是
幅传世的无价之宝。

"把画卖了吧!"老母说，"好供你去留学。"

"不!"儿子说，"不能卖，以前家里那么苦，爸爸都撑下来没卖，我也能撑下来，除非路走绝了……"

天无绝人之路，儿子居然靠为人补习、出国打工和得到的奖学金，顺利地修到学位，还交了一个可爱的女朋友。

"你有多少钱能娶我女儿?"女朋友的父亲不太看得上这个穷小子。

年轻人一笑，说："伯父，我家穷，但也不穷，说实话我们还挺有钱，因为我家传下来一张唐代王维的真迹，只是我妈不愿卖，卖了最少能买一栋房子。下次我拿来，您看看就知道了。"

女朋友的父亲笑了："不用看了! 瞧你说话的样子，就知道不假。我佩服你，那么苦，还能守住那幅画; 我也相信，你能守住我女儿。"

他们结婚了，胼手胝足，打下一片江山; 二十年后，成为大企业家。

他们有两个儿子，也都各有所成。每年春节，做父亲的都会在拈香拜祖先之后，再把手洗干净，在老妻的协助下，打开那张传家之宝。

"瞧瞧! 你们爷爷留下来的宝贝，'诗中有画，画中有诗'，王维的画。爷爷早年经商失败，又被人骗，一穷二白的时候，明明把画卖了，就能过好日子，但是他咬着牙，硬是不卖。"老人笑笑，"爸爸也一样，明明卖了画，就有了留学的钱，可也舍不得，靠自己撑下来了。也幸亏如此，拿这幅画，赢得你外公的青睐，娶到你们的妈妈。将来这幅画就传给你们，希望你们也能好好守着。"

两夫妇都死了。画从保险箱拿出来，兄弟二人抢着要，甚至翻了脸。

"得了!"做哥哥的一拍桌子，"把它卖掉算了，画不好分，钱好分，一人一半。"

这幅唐代王维的神品山水画，终于被两兄弟送到拍卖公司。收藏界早听说有这么一幅画，也早派人出来打听底价。

只是，拍卖目录印出来，居然没有那幅画，据说两兄弟又后悔了，抽回那王维真迹。

而且两人显然取得谅解，古画归老大。为这事，老二的太太还很不高兴，觉得丈夫无能。

直到丈夫在她耳边轻轻说了几句话，又拿出拍卖公司的鉴定书，太太才笑了。"

又过几十年，老大也将逝了。

临终，他把孩子叫到床前，如同他爷爷当年把他爸爸喊到床前一般，颤抖着说：

"咱们银行保险箱里，藏着一幅传家之宝。你的曾祖父靠它支撑着。熬过难关；你的祖父又靠它撑着，克服万难；我又和你叔叔，从画里得到很多教训，彼此关照着过一生。如今，这画传给你了。困苦的时候常想想你有这个宝，你就不会自叹不如人。但是，记住！你绝对不能卖了这幅画……"

都是人子

谁不是从出生，就开始接受指导，
用他家族的眼、父母的眼、社会的眼、领导的眼，
来看这个世界？

　　"我瞄准，扣扳机，然后就看见敌人无声地倒下，是的，那是无声！对我们双方都如此，因为距离远，他倒下的声音我听不见，而子弹飞得比声音快，只怕他还没听到枪响，就已经死亡。"一个狙击手说。

　　"当我扣扳机时，不会去想对方是人家的儿子或孩子的父亲，他只是一个目标！"另一位狙击手说。

　　飞机还没停定，飞行员已经在里面竖起了大拇指，又把拇指转朝下方，大家都笑了起来。记者赶到机旁采访。

　　"当你命中目标时，会不会有罪恶感?"

　　"不会! 那是我的任务。"飞行员说，"我只会想，这将减少我弟兄的死伤!"

在短短十五分钟的整补时间里，辛娣从一架A10型战机上取下空弹箱，她的丈夫艾伦·席克森立刻装上新的弹药。

"这真是个奇怪的婚姻，同营却不能同床。每天十二个小时并肩工作之后，各回各的营房。"席克森夫妇异口同声地说。他们是在美国的空军基地认识的，结婚不过一年。

"惟一希望的，是今年情人节，我们能一起为飞机挂上炸弹！"

这是他们共同的期望，作为情人节的庆祝。

巴格达疑似军事指挥中心的建筑被命中了，特制的炸弹是在穿透几米厚的钢筋水泥之后，才爆炸。

救难人员对着炸开的深洞，往里面喷水，火不扑灭是无法下去救的。

尸体一具具被拖出来，排在地上，盖着一张张花毛毯，有些毯子很小，下面的尸体也小，露出小小的手。

大批男人跑来认尸，捶打着自己的胸脯和地面哀号：

"为了安全，每天傍晚，我就把老婆和孩子送到这座掩体里，早上再接她们出来，怎知反而害了她们……"

台视记者张雅琴到伊拉克采访，进入一户民宅，拍了他们家中的摆设和生活情况。

采访播出，我正在台北的一个朋友家里做客。

"他们过得跟我们差不多嘛！"女主人说。

"他们也有小孩！"朋友上幼稚园的孩子说。

"他们也有父母，父母也爱他们的孩子!"我说。

"现在的课愈来愈难教。"太太一进门就抱怨。

虽然是十三年前的事，我却记得很清楚，当时我问："为什么难教呢?"

"因为学生会问一些我答不上的问题。"妻说，"尤其是陈若曦的文章发表之后。譬如今天有个学生冷不防地问：'老师，为什么《耿尔在北京》里写到大陆同胞吃涮羊肉火锅，又说耿尔去买了巧克力、湖南腊肉和广式香肠?'另一个学生则问：'他们是不是也有新衣服穿?'又有个学生举手：'他们爸爸妈妈和孩子好像也住一块儿呢!'"

"你可以答：'不住一块儿，怎么会有小孩啊?'"我说。

"那表示他们也有天伦之乐了?"

三十年了，从台湾到美国，看了许多人世的浮沉与兴衰，报道了许多一手消息，也看到那消息的背后。还是妻说得妙：

"你注意一下，同样由老人家带大的孩子，如果那孩子总说爸爸辛苦，必然是祖父母带的；假使总说妈妈辛苦，一定是外公外婆带大的。"

教育的力量是多么大啊! 人的心是多么小啊!

一双眼长在前面，无怪乎常见不到后面的东西。

便有那聪明人教我们看，看他们希望我们看到的。

谁不是从出生，就开始接受指导，用他家族的眼、父母的眼、社会的眼、领导者的眼，来看这个世界？

没有人真正地对，也没有人绝对地错。如果说错，错的是那个身处的环境，而环境是难以改变的。

于是，我们只有用那注定了的观点，去否定敌人的观点，并为我们的爱，摧毁别人的爱。

最记得赵滋藩先生在《宋王台畔》那首诗里的一句话："误尽苍生的终究是权力之争！"

波斯湾战争结束了。

电视上播出一辆辆被摧毁的坦克，如同非洲原野上因象牙而丧生的大象尸体。

"那些坦克车里原来大概也有人吧！"我八十岁的老母问。

"只怕现在还在里面。"

"都是人子啊！"

土　坟

让我也葬在这里，
保佑你更发达吧。

　　自从进大学，每年暑假返乡，母亲总会带他爬村后的那座山。据说这是伊近两年选择的健身方法，而每次都是爬到半山腰那个无主的坟堆为止。

　　伊喜欢站在坟前向山下望："看！左边有黎东山，右边是李庄山，后面还有好高一段，下面正对着咱们的村子，远远可以看见洮河，细细的，弯来弯去，尤其在黄昏的时候，好像条金链子，加上这山路，是多么好的风水！"说完总是指指那坟堆："这坟里埋葬的人，后代一定会发达。"

　　后来他到美国好几年，归来的时候，伊已经苍老到几乎认不得了，但是仍然坚持要去登村后那座山。他拗不过，只好陪着去。他们缓步通过村子，村民都放下手上的工作，站起来像是肃然地迎接他——这个穷乡僻壤、两百多户的山村中，惟一能够念完大学，而且居然获得博士学位的人。

伊的脚步已经很艰难，所幸上山的路比以前平坦多了。他们还是走到那座无主的坟堆为止。

"看哪！"伊眼睛里闪着光彩，"好久没来这儿了，还是那么漂亮，左边有黎东山，右边是李庄山，后面到山顶还有一大截，下头是咱们村子，远远地可以看到那条……那条洮河，弯弯地多像根链子。"伊转过身，看了看那坟，"这不知姓名的女人，后代是非发达不可的，多好的风水啊！"说着一脚高、一脚低地从路边树上，像是抢似的摘下几朵扶桑花放在坟前，"真羡慕你有这么好的风水！"

他心里有些不悦："咱们家里不是也很好吗？"

"是啊！"伊偏了偏头，"这女人有好风水管什么用，死在异乡，连名字都不知道。"

后来他在城里当了官，把伊接去同住，那时伊的身体更差了，躺着的时候多。伊睡着时，他常会过去仔细盯着伊的胸口看，看是不是在呼吸起伏，因为由伊脸上，已经不太看得见生的颜色，他常怕伊会突然地睡去了。连伊醒着的时候，也像是在梦呓中，偶尔听得懂的几句话，总是说要回乡下看看。

他带着伊返乡了，伊又说要上山看风景。黑色的轿车驶过村子，村民都站在路边张望。上山的路铺了柏油，以前要走好久的路，开车居然一下就到了。

他挽着伊走下车子，伊的眼里突然又闪出了异样的光芒："看哪！左边是山，右边也是山，后头还有山，下面是咱们的老家，远处有一条河，加上这路，风水多好啊！"说完又转过身，"这坟里的女人真有神气，随随便便地被埋在这儿，居然碰上世间难有的风水。一个不知姓名的年轻女人呢！太好的福气，子孙当然要发达！"

伊回城里不久就死了，他将伊的尸体运回乡，就葬在那无名土坟的旁边，不！应该说他重修了那座土坟，将伊与伊所说的女人葬在了一块儿，因为伊最后去的那天曾说过：

"我死了之后，就也葬在这儿吧！这里的风水好，没有任何地方可以比，她就因为埋在这儿，所以你能有今天的成就；让我也葬在这里，保佑你更发达吧。"

心 灵 的 故 乡

小时候，父母长住的地方，是你的故乡。

成年之后，你长住的地方，是你的故乡。

老年时候，如果跟着孩子，则子女长住的地方，是你的
故乡。

死了之后，这个世界是你的故乡！

念研究所的时候，一个同学对我说："我现在正写一篇有关台湾早期文学的论文，我发现那居然像是海外文学、华侨文学，跟印尼、马来西亚华侨写的差不多。"

看我不懂，他又一本正经地解释：

"早期到台湾的人，只把台湾当作讨生活的地方，不把台湾当家，他们一心想着以后回唐山的老家，那种作品充满异乡的漂泊感。你说，不是另一种华侨文学，又是什么？"

"什么时候才落土生根，把台湾当家呢？"我问。

"直到有一天，他们把家接了去，在台湾生了第二代、第三代，台湾成为子孙的故乡，才跟着子孙，认定台湾是故乡！"

初到美国的时候，在旧金山认识一位老华侨，颤抖着手，拿一本美国移民史的书给我看，他指着其中一段：

"你知道早期来美的中国人，在船上受的是什么待遇吗？看看这所谓'自由号'！上面把人像猪一样对待，又热又挤，到旧金山的时候，已经死了一百八十个中国旅客，根本是'死神号'嘛！至于活下来的，他们好多都签了约，下船第一件事，就是拼命打工还船费，那费用常高得离谱！"

"会不会有人躲掉不还？受这种非人的待遇，可以提出控诉啊！"我说。

"没有人躲！人人会还！因为赖账的消息传回故乡，会让他一家抬不起头。"老华侨说，"他们即使人死在这里，心也留在中国！他们靠在中国的希望和尊严活着。"

"真可怜！"

"不可怜！可怜的是那些人！"他用眼神指了指旁边一群中国老人，"他们在中国没有活着的亲人，在这儿也没有子女。不像我！"他笑了起来。

"我有子女，还有孙子，都说英文，美国是我的家！"

那时候，我是由某单位安排，接受美国博物馆的邀请，作巡回的画展和演讲。主办单位的负责人是位越战英雄，驾着私人小飞机带我一个城市又一个城市地跑。

虽然各个地方待的日子都不长，可是每次离开，我都好伤心，有两次居然落下泪来。

迄今，想到当年的多愁善感，仍觉得有些不好意思。我常想：是因为每个地方的朋友招待得太热情，使我依依不舍，还是由于一站站不断漂泊，我倦了，想要在一个地方多停些时？

所以，我不是伤别，而是伤感于自己又将开始下一站的漂泊。

两年多后，我在纽约找到了教职，也有了固定的住所，决定把家接来。

当七十多岁的老母和妻子踏进家门，七岁的孩子兴奋地说："爸爸的家比我们家还大呢!"

吃完饭，我径自拿着碗去厨房清洗，洗到一半，突然笑了，想到已经不再是一人生活，自己不必急着洗碗了。

只是没过多久，孩子偎在母亲怀里哭：

"美国不好! 我们回台湾的老家吧!"

去年，接受国内的邀请，向学校请了三年长假，为编写一个介绍中国文化的节目，而经常在海峡与大洋之间穿梭。

秋天，叶子正要红，晚霞特别美，我带着相机，请妻到海边为我拍了两张照片。送去冲洗时，我对着车窗外，觉得街景分外美。而当夜就上了飞机。

回到台北也忙昏头，几次回家错过了大门，原因是虽然每天在楼里进出，却不曾注意下面商店换了好几家。

某日，一位纽约的朋友来访，说他去了花莲，又上了垦丁，笑道："花莲一定很像美国的优胜美地，垦丁大概有些夏威夷的风情。"

"你去过优胜美地和夏威夷吗?"我问。

"没有!"

"你去过纽约州的尼加拉瀑布吗?"我又问。

"也没有!"

"那么我建议你去乌来看瀑布,想象那是离你家不远的尼加拉!"

我突然为自己不认识家门找到合理的解释。

儿子有一天对我说:"每个国家印地图,都把自己的国土放在正中央,可是美国有极西边的夏威夷、极北边的阿拉斯加,只好把那两个地方切下来,放在美国本土的旁边。"

"当有一天,你四海漂泊,会发觉你每到一个国家,就把那里放在你心里地图的中央。然后,你漂泊久了,地图将不再是平的,而是圆的,有一个圆圆会转的地球,活在你的心中。"我说,"那时候你就不会强调这是中国食物,那是日本料理,而会觉得它们都是食物,都是人类吃的东西。如同你对待人,不会太有地域、国籍的界限,只觉得他是人,一个有人类共同本性,值得你去了解、去爱的'人'!"

"问题是,什么地方是我的故乡呢?"儿子问。

小时候,父母长住的地方,是你的故乡。

成年之后,你长住的地方,是你的故乡。

老年时候,如果跟着孩子,则子女长住的地方,是你的故乡。

死了之后,这个世界是你的故乡!

头发也是最能反映生命历程的。

二十多年前，妻在台北妇幼医院生产，大概因为是头胎，痛了一天一夜还生不出。那时的产房不准丈夫进去帮忙，我只好心急如焚地在门外走来走去。里面传出的每一声呻吟，都揪在自己的心上。

总算子宫口渐渐张开。

"开三指了。"护士小姐出来说。

"开六指了。"医师匆匆忙忙走进去。

"看到头发了。"护士探出头来笑笑。

才说不久，就听到娃娃的哭声。

转眼，儿子已经二十五岁，年轻人常改变发型，长了短、短了长。不知为什么，每次见他低头看书，一团浓黑的头发，我都会想到当年护士的那句话——"看到头发了。"

我常想，奇怪，子宫里没风没雨，胎儿为什么要长头发呢？这头发一根根挂在头顶，通过产道时多麻烦，否则，光溜溜的头，早就滑出来了。

有一天跟妇产科医师们聊天，忍不住提出来。两位名医，居然怔了一下，大概没想到有这种奇怪的问题。

但经过一番讨论，还是有了结果——

胎儿的头发跟他的寒毛、指甲一样，会在子宫里成长。娃娃生下来，父母抱着，全身都有爸爸妈妈的臂膀和身体保护，只有头，最朝外，最没遮掩，又最容易散热，所以需要一簇头发来保护。

于是我眼前浮现了一个画面——

在远古远古以前，一位披头散发的"史前妈妈"，抱着新生的娃娃，在风雪中行走。刚落地的胎儿，头顶的"囟门"还一跳一跳的，所幸有簇头发，挡住落下的雪花。

还有"史前妈妈"用鱼骨和兽角做成的梳子，为孩子梳头的画面。

那时没有剪刀，必须把小小的石片磨薄、磨利，再一点点切割头发。

他们更没镜子，只有对着平静的水面，才能看到自己的容颜。

我便想：当原始部族的少女，到溪里沐浴，会不会望着水，欣赏自己的秀发？又会不会把一头长发洗得干干净净，甩动着，去撩拨她的情人？

人们又是从多早多早以前，开始耽情于自己的头发？

可不是吗？我们从小到大，为了洗头、梳头、剪发、染发、烫发，甚至护发、植发，不知用了多少时间。而且，既有长头发的"乐"，就有掉头发的"苦"；既有"鬓云"的秀丽，就有"飞霜"的萧条。

有几个中年的女人，不曾做过"一夜白了头"的噩梦？又有几位开始"聪明透顶"的男人，不曾梦见"聪明绝顶"而半夜惊醒？

所幸头发能带来许多情趣变化——

初生的娃娃，头发才长多些，就可以绑个"冲天炮"；过一年，可以编个小辫子；再过两年，头发够密了，则一分为二，做成两个"麻花"，又过两年，头发硬实些，便扎个马尾巴。

想想，这个女孩子，由妈妈梳头、自己梳头、男朋友梳头、美发师梳头、为子女梳头、子女为她梳头，到有一天，殓葬师梳头，这一生因为头发，而有了多少情怀的变化。

头发确实是最能反映情绪的。

一个女人会因为美发师失手，而气得发疯；一位发疯的女子，又可能把自己的头发剪得乱七八糟。

有位女生对我说得好——

"剪头发是发泄情绪最好的方法，一方面昭告天下，我不高兴了；一方面可以把霉运剪掉。而且剪头发跟剁手指不同，头发会再长，后悔了可以重新来过。"

她的话让我想到遁入空门的尼姑。

当一个长发的女子，静静地跪着，让师父为她剃度。那剃刀落下的刹那，是落在发根，还是落在心头？

一缕缕长发坠落了，那么轻柔无助地飘到地上，是告别一种岁月，还是镌刻一种心情？

剃了发的青青的头皮，如同除去荒草所呈现的大地，再烧上戒疤，如同刻上碑文。

如果有一天，那女子还了俗，又有了恋情，她会不会在梳头时不小心，拨开长发，如同拨开蔓生的草木，见到古老的誓词？

头发也是最能反映生命历程的。

最新的科技，能由头发中看出一个人过去两年间的生活——你是不是吸过毒、怀过孕、避过孕……几万根头发就像几万本日记，记录着我们的辛酸苦辣，而且即使在我们死亡之后，还能生长一段时间。

曾在"楼兰女尸"的展览中，见到一丛秀发。解说员不断强调，由那头发可以猜想，死者生前是个美貌的妇人——

> 没有好的营养，这头发怎么可能如此滑润？受苦的人，总有着一团干涩枯黄的头发。
>
> 没有好的保护，这头发怎么可能如此整齐？奴隶的头发都是粗粗乱乱的。
>
> 想必她是急病死亡的，没有经过久病床榻的磨损，所以能保有丰厚的秀发。

当然，她死得很年轻，所以没有一根白发。

"想留头漂亮的头发，就得早早死去。"我对身边的朋友说。

"不，"他笑笑，"不如年轻时剪下来存着。"

他的话没错。一头青丝，少年时剪了，存到老，还是黑亮亮的；一头秀发，却因中年时忧愁，没多久，就变为花白。

头发是死的，也是活的。被我们的心偷偷牵着，只要留在头上一天，就要反映我们的心情与年龄。

我早生华发，有时候许久未染，女儿便要扒着看，说："爸爸像只黑白条纹的浣熊。"

前两年，妻也添了银丝，起先我为她拔，一边拔，一边翻，看下面还有没有。

而今是偶然拔，却不常翻了。

倒是女儿的头发愈长愈密，而且又黑又亮。

我常为她梳，喜欢那种梳子滑过发丝的感觉，好像在一条清澈的溪流里，荡一支桨，勾起千条波纹。

小丫头也特别喜欢我为她梳头，尤其刚解开辫子时，我梳得特别温柔。

"因为爸爸一手按着你的头发，一手慢慢梳。所以碰上打结，也不会梳痛，"我说，"你的头发很密，爸爸妈妈掉的，全长到你头上了。"

小丫头好得意。

有一天，我一边梳，一边问她："你觉得你和妈妈的头发，谁的比较美?"

正巧妻走过来，竖着耳朵听。

"妈妈不会知道的，"我把手指放在小丫头手里，小声地说，"妈妈美，就捏一下；你美，就捏两下。"

她捏了，捏三下。

又有一天，我冲进卧室找东西，看妻坐在梳妆台前，就叫了她一声。

回头一笑，居然不是妻，是把头发梳得蓬蓬松松的小丫头。

那笑，我永远不会忘。

特殊的人

能跟一个特殊的人，
生活在一块，
不再孤独，
是多么美好的事！

参加朋友的婚礼，牧师对新人致词的一句话，深深地留在我脑海。

牧师说："每个人，一生中都会发现，能跟一个特殊的人，生活在一起，不再孤独，是多么美好的事。"

他所说的"特殊的人"，当然是指新娘或新郎的另一半，但他为什么不说"另一半"，而讲"特殊的人"呢？

我想，这句话正有着特殊的意境，它是那么柔和而带有多重意义，使每个听到的人，都能有自己的感触。

因为婚礼上聆听贺词的，不止一对新人。每位宾客都在听，可能有老大未嫁、终身不娶的，也可能有同性恋的族群。

这"特殊的人"，不正可能恰巧放在他们心中的某个位置，而各有感触吗？

有位同事，是家里的幺女，为了照顾半身不遂的老母亲，四十多岁没嫁。

"我怎么嫁？无论多重要的约会，都不能阻止我，先回家，喂妈妈吃饭，帮妈妈洗澡。男孩子一听，就打退堂鼓了！"她笑道，"一个人的一生，总为一些特殊的人，我的特殊的人不是丈夫，是我的老妈妈！"

儿子小时候，学校举行母亲节游艺会，每个孩子上台说一段话歌颂母爱，盯着台下的母亲，说出他们的感谢。只有一个小男孩，说：

"我的妈妈死了！只有爸爸和我，爸爸也是妈妈。爸爸的拥抱！世界的拥抱！"

最后两句话，文法虽不通，台下许多人却湿了眼眶。

泪最多的，是一个大男人。

某次演讲之后，一位小姐拉着我问问题：

"跟同性谈恋爱，有没有错？只是讲实在话，我不知道是不是真的爱她。我跟她生活了七年，各忙各的，但每天晚上，我都偷偷地等门，等她进了门，我才能睡。她不怎么理我，但是我生病，她送我去看医生；我在外面醉了，醒过来时在家里，是她把我带回来的。"

"她是你生命中，一个特殊的人。"我说，"爱的种类很多，最重要的是彼此的扶持、彼此的关怀。"

常想起沈从文小说《边城》中，与老爷爷相依为命的小女孩翠翠，和早年流行的那首歌：

热烘烘的太阳，往上爬呀！往上爬。
爬到了山顶，照进我们的家。
我们家里人两个哟！
爷爷爱我，我爱他呀！

每个人，一生中不论结婚与不结婚，总会发现，能跟一个特殊的人，生活在一块，不再孤独，是多么美好的事！

昏迷的两天两夜

然后他开始哭，

蒙着脸、蜷着身子哭：

"好多孩子都死了！我救、我救，

还是救不了全部！"

总梦见一个学校，孩子们甜美的歌声，从两层楼的教室里传出来。

总梦见自己迟到了，冲进校门、冲到走廊，却忘了是教哪一班。

总梦见走进教室，孩子们一下安静了。起立、敬礼、坐下，一双双像湖水样的眼睛对着他。

总梦见学校操场的一边，有着高高大大的银杏，到秋天，叶子艳黄艳黄，远远地映过来。

总梦见后面是山，云走得很慢，一小片、一细丝，挂在深蓝色的山腰。

总在梦醒时，赖在床上不起，想那些孩子和歌声。

"你前辈子八成是在小学教书。"他的妻子笑着，"大概孩子太可爱了，让你忘不掉，还想回去教。"

"是可能! 是可能!" 他说，"只是太真切了，好像我现在还睡在教室里。"

"那我不要跟你睡，让大家看，多不安稳!" 她捶他。

这一夜，真不安稳了。

先是听见窗子响，渐渐又响又抖，像是几百人一齐敲杯子。然后开始摇，先忽左、忽右，荡来荡去，接着晃得更凶了，墙壁开始响，屋顶有撕裂的声音，天旋地转到了世界末日。

"不要怕! 不要怕!" 他抓紧身边的妻，"躲到桌子底下。"

妻跳下床，钻到书桌下面，他却没跟去。啪一声，一块东西，掉在他身上。

地震停了，妻尖叫着冲过去，原来只是一块薄薄的三夹板。只是，只是他为什么没醒？

妻用力摇他，他不动。她扑上去听他的心跳，是出奇的快。

他被救护车送去了医院，作了脑断层，也检查了心脏的"超音波"和"心电图"。都没问题，只是狂跳。

"他是被吓昏了!" 医生说，"过一下就会醒。"

不止一下，足足等了两天，他才醒过来。睁开眼，他一个字、一个字地说："学校的楼震垮了!"

然后开始哭，蒙着脸、蜷着身子哭："好多孩子都死了！我救、我救，还是救不了全部！"

或许真因为学校垮了，他不再梦见那个小学。只是常想起、常提。

每次提，他的妻都不高兴，说他有毛病。他只好不再说，但那些孩子的笑脸、歌声、黄叶、青山和白云，还总在他醒时浮现。他多么希望能再一次梦到，只是，每个夜晚都变得那么平淡，每次醒来都是失望。

十年过去，一切都模糊了。偶尔想起，也觉得有些荒唐。

这一天，他和妻去尼泊尔旅游。从加德满都出来，进入山区。

虽是初秋，山里凉，叶子已经开始变色。

看见一片艳黄，是一大排高高的银杏。

传来孩子嬉戏的笑声，隔着艳黄，看见一栋楼。

"是个小学呢！"他叫司机停车，"好美呀！进去看看吧！"

他们走进校门，一个老人正出来。抬头看见他，老人愣了一下，回头往里跑，接着出来好几位像老师的人，对他指指点点。

他对他们笑。他们也对着他笑，愈笑，眼睛里愈闪出惊异的光彩。

"是不是不能参观？"他用英文问，赶紧拉着妻朝外走，却被老人拦了下来。

老人指着校门不远处的一丛花，也用英语说："请看看！那里有个雕像。"

他们走过去，看见个白色的石雕，两个人都呆了。多像他啊。

他指了指自己。四周的老师都啊啊地点头。

"十年前大地震，这位老师虽然受了伤，却拼命抢救被埋在下面的孩子。两天两夜、不眠不休，孩子活了不少，他却死了。"老人幽幽地说。

误会你十年

笑话!
要是让老顾客看见我放着自己的店不管，
却来吃这丑女人的屁面，
传出去，更没人来了……

"停车!"她对小陈喊，"我要下去吃碗面。"

"董事长……"

"这巷子里有家卖牛肉面的，我想吃，已经想了十年。走! 也请你吃一碗。"

走进窄窄的巷子，小陈似乎有点不敢相信，吞吞吐吐地问："这种地方会卖好吃的东西?"

她火了，把脸拉下来，沉声斥道：

"你瞧不起穷人吗? 不止好吃的，很多人物都出自这种地方。"

小陈当然不可能想到，十年前，她就住在这儿，而且亲自掌勺，卖牛肉面。

自己过去的店面，早变成了一家裁缝铺。倒是巷底那家，还冒出腾腾的白烟。

看到那白烟，她就七窍生烟。想当年，就是那个女人，抢走她的生意，让她混不下去。

混不下去，倒也罢了，真正气的，是丢了面子。

原来这巷子里，只有她一家，生意还不错。可是，自从巷底那家开张，她的客人就一日不如一日。

客人少，倒也没关系，最气的是到了吃饭的时候。好多老顾客，走进巷子来，故意把脸转开，不看她，像是偷偷摸摸地，从她店前匆匆走过，然后一头钻进巷底那家面店。且在饱足之后，又躲着她的眼神，匆匆冲出巷子。

到底有什么吸引人的地方？口味特殊？装潢讲究？还是小姐漂亮？

有一天，趁店里没客人，她特地溜过去瞧瞧。

什么嘛？简简单单几张破桌子，屁装潢也没有。客人倒是不少，一个老头子正忙进忙出地端面。

小姐漂亮？更甭提了。那掌勺的女人，大概三十了，一张大扁脸，不说丑，已经算客气的。

这么说，一定做得特别好吃。她原来也想进去尝尝，但是才走近，就看见自己的一个老顾客。她掉头就往回冲。"笑话！要是让老顾客看见我放着自己的店不管，却来吃这丑女人的屁面，传出去，更没人来了！"她咬着牙，连眼泪都咬了出来。

她没办法、也没脸再做下去。草草地收了店，出去做事务机器的推销员。

年轻、漂亮，又能言善道，加上影印机正好开始普及。做完影印、做传真。由推销、包销到代理，短短十年，她居然愈做愈大，成为拥有全省五家分销店的董事长。

但是这十年间，她始终没忘记面店的耻辱。每次经过那巷口，都盯着看，看那店还在不在。

她也曾在做推销员的时候，故意走过那家店，那女人居然还笑吟吟地请她进去坐。

"去你的!"她骂一句，扭头就走，"谁吃你的屁面!"

但是，现在她已经不再恨。她常想，要不是因为那个扁脸女人抢走自己的生意，恐怕至今，自己还在汤汤水水之间打转，哪有现在这么风光。

现在，她就是带着这种风光、带着私人的司机，"君临"这昔日对手的小店。

那女人显然从来不知她是谁，又笑着招手了。

她也笑笑："小陈! 就是这儿。"

她点了店里的招牌面，心想："我倒要尝尝你做得有多好。"

一整碗吃完，她却怎么也吃不出什么特别的味道。

"觉得怎么样?"她问小陈，又瞪一眼，"说实话!"

小陈支吾了半天，摊摊手、缩缩脖子。

"买单!"她喊。

正端面的老头应着。匆匆忙忙为客人上了面，转过身来收钱。

老头怕有七十多了。

"真辛苦！为什么不让她端呢？"她用下巴指指坐在汤锅前的女人。

"她，不方便！不方便！"老头抖着手，接过钱，"小姐大概第一次来吧？以后请多照顾我们父女。"

那女人也转过身，笑着点头。面粉袋作的围裙，边上都破了。

破围裙下，她看到两条粗粗短短的小腿，没有脚。只两个红红的肉球。

"不要找了！不要找了！"她喊，匆匆忙忙提起皮包。

"谢谢您！谢谢您！"那女人向她鞠躬。

"不要谢！不要谢！"她噙着泪冲出门，喃喃地说：

"我误会了你十年……"

最后一场清凉秀

月 之 梦

而我梦中依然有古老的月，
我也总爱一遍又一遍，
重复地做我童年的月之梦。

童年时，我住在一个小楼上，卧室窗子对着的不是街道，而是栉比鳞次的矮房子。那时，台北的高楼没有几栋，路灯也稀疏得可怜；夜晚从我的窗子望出去，由于屋屋相连的阻隔，竟连人家的灯火也不易见到。当夜色转为深蓝，窗外的风景，除了院角伸过来的疲瘦的槟榔，就只剩下一片屋瓦的单调画面。

但是我却喜欢凭窗，在那一排排日式房子的灰瓦间驰骋童年的幻想，而灰蓝的幻想，也竟能千变万化，闪出许多种光彩，这是因为有了月亮。

◆

月亮不必从房脊上探出来，有时候高悬在我的屋顶，从窗内见不到的角度，反而更有趣味。只觉得槟榔树梢间染上一抹蓝，原本灰黑色的屋瓦，闪漾出点点的银光，像是溪上风来，又仿佛一尾尾卧着的鳞鱼。上方洒下的，好似夹着细雨银针，又蒙蒙地如同罩着几许薄雾的月光，眼前则变成了透明而流动的"月之海"。

随着月的移动，海里的鱼鳞不断变化，有的从浅浅的浮雕，渐渐地镌深；有些自虚无的黑暗面，被解释成优雅的"薄意"。那像是鸱尾的脊角，更似乎随时会游入这月海之中。

从那时起，我的梦中就常出现月亮，有时梦见自己穿着睡衣走出窗子，站在屋顶上。真真切切地感觉到，瓦面透出的寒意，缓缓沁入我的双足。

此刻，顶上的月光，则洒下银色的洗礼。风渐起，我全身松软，只觉得衣衫飘摆，竟斜斜地升入了天际。

于是我的小楼、四周的房舍，便都在我的脚下远去；而那原本高悬的小小月亮，则扩大为满天的光晕，无比地灿烂，却又蕴藉而柔软，将我团团包围，有一种完满而交托的感觉。

◆

我也曾梦见自己在月色中飞越山峦，千峰在脚下像是折皱的银箔，泛着冷冽的光芒；其间的密林，则幻为了宝石绿，好像在明艳的"石绿"色上，再淡淡地染上一层透明的孔雀蓝。冷冷的表面下，散着激情。

我还梦见自己像是夜鹭般滑过湖面，水中有月，而影在月心，振动的双翼间，则筛下千星万点的银粟，坠在水面，叮叮有声。

我更梦见自己快速地飞入密林，如一支箭般在枝叶间穿过，针叶木刺痛我的肌肤，阔叶林则由顶上泛出翠绿的月光。我喜欢那种逆光的色彩，有着说不出的含蓄，明明只是熹熹微微之光，却能由眼中吸入，立刻浸透全身。

我尤其记得梦中飞越一条长长的川流，川上有帆，一片接着一片，我则从帆顶掠过，奔向远天的一轮明月。月光从船帆的另一侧透过，使那白色的帆布染上一抹淡淡的蓝，却又似乎带着几许白绿，甚至是柠檬黄。若用"月白"来形容总觉得太肤浅，但那复杂的色彩真是令人难忘，或许月光中带有某种特殊的质素，被那白色紧密的帆布所滤下，若是将帆扯落，岂不是能挤出盈盈一杯冷冽而剔透的"月之华"吗？

◆

当年那金山街的小楼早已改建成了大厦，鳞次的日式房子也剩不下几栋，最宜玩月的中秋，只怕仍有许多人家以轰轰的冷气，制造北欧式的清风。最宜赏月的楼头，许多已被宾馆的七彩霓虹灯所占据。当然，电视里是会有中秋特别节目的，人们可以围聚在这方形小月亮的前面吟风弄月。

但我总怀想起，那没有几盏街灯，而繁星闪烁；没有电视炫目，而明月当空的童年。有一年中秋，母亲催我上床，为我摇着蒲扇，发出沙沙微风的回忆，至今仍常在我异乡的月夜枕边被唤起。

而我梦中依然有古老的月，我也总爱一遍又一遍，重复地做我童年的月之梦。

为什么要走？

对于死者而言，他没有要离去，
真正离开的，反而是活着的人！

回台湾时，在纽约肯尼迪机场，见到一幕令我难忘的画面。

一个大约四五岁的男孩，看到他母亲走入登机门时，声嘶力竭地哭喊，在大人们的压制下，顿足捶胸地哀号，直到孩子被硬拖出机场大厦，我仍然可以听见他不断重复："妈妈走了！她为什么要走？"

这使我想起不久之前见到的另一个画面。年轻早逝的母亲安详地躺在病床上，当亲友泣不成声地领着失怙的孩子离去时，那孩子居然没有哭，只是不解地仰头问："妈妈还在那里躺着，我们为什么要走？"

前者只是母亲坐飞机离去，后者则是永别，为什么反而是前者的孩子感到无比伤痛呢？

某日，我对一个也是四五岁大的孩子，述说这两种情况，并征询那孩子的感想。

孩子毫不考虑地回答："当然是妈妈走了，我会伤心，因为是她自己走掉了，不管我了！可是妈妈死了，还好一些，因为不是她自己走掉的，她没有丢下我走开，只是死了！"

当您听到这几句话时，能不悚动吗？但是细细想，那孩子的话何尝有错？

亲人的死去，有时反不如他自己离弃我们的伤痛来得大。因为死的人，是不能不死，而不是他要抛弃我们。正如那个丧母的孩子所说："妈妈还在那里躺着，我们为什么要走？"对于死者而言，他没有离去，真正离开的，反而是活着的人！

补 偿

你现在有了，我补你一个，
包括了半个我!

　　把孩子举起来，在左肩比比，又到右肩比比，最后还是放在了腿上：软绵绵地，头又歪过来歪过去，手上不敢用一点力，好怕弄伤了他。

　　"一下子就会适应了，这是你们女人的天性。"

　　我想也是吧! 记得，记得有一阵子，你喜欢滚到我的肩上睡，一双手搂着你，有时候你在梦里哼哼，我也是睡着的，却自自然然地会用手拍拍你，自己都被自己的这个动作惊醒，发觉有时候，居然把你看成是我的孩子。

　　"孩子如果在，现在应该跟外头那些差不多了!"

　　打打闹闹地，常惹人烦，但有时候跑过你跟前，又忍不住地想摸摸他们。现在的小孩儿，不像十年前了，有一次居然会拉着电梯门，等我赶过去；说她漂亮，还仰头一笑，说谢谢阿姨，那阿姨叫得好甜，形容不出的。

"这些年过得好吧？看你没什么变化。"

你不用再骗我了，还是那么油，除了这个，又骗了几个？

"这是最近的，只是偶然。之前，总有八年，我是老老实实地守着，等你回来！"

身边总是睡个人，守什么？不过胆子倒是大了些，为什么当年没有？

"你又难道有吗？"

还是平凡的女人比较实在，她们没有包袱。

"她们也不太会构成伤害。"

因为她们不要求站在第一线？你好残酷！

"你又何尝不残酷呢？当我跑上二楼的时候，护士正提着一瓶血水出来，还指指里面，撕裂成一小片一小片的……"

我记得那个小护士，才十几岁，医生也不大，或许都是没有执照的。

"你知道那小护士说什么吗？说是有一回拿一个，好大了，出来还扭来扭去地血淋淋地动呢！"

不要说了！你是什么意思呢？

"那是往事，只是想起。不过，这两年，我的人生哲学有点变，看着两个孩子上了高中，成绩都不错，就会想起我们的，十岁，也不小了！每次看孩子惊人的好成绩，竟然立刻就会有一种怅惘，侵蚀着，有一次看到反堕胎的游行，我也加入了，大声喊，喊着喊着竟喊出眼泪，我看到很多其他示威的，也掉眼泪，我想他们必定都做过，年轻时杀了自己的，中年后，又拼命挽救别人的!"

所以你就让那女人生了？

"应该说，你毁灭了自己的，成全了她；她又毁灭了自己，成全了你! 不觉得孩子跟你有点像吗？尤其是眉毛!"

不像我，是像你，只是我们长得有些相似，所以抱着这个孩子，就又好像在搂着你了，只是，又有好长好长一段路。

"一下就走完了!"

那女人还躺在医院里吗？

"已经送去埋了，火葬!"

一生，换一个小小的木匣子!

"大理石的，还烧了她的照片。"

都是你办的吗？挺有闲的! 那女人漂亮吗？你家里知道吗？

"我不想多谈，毕竟已经过去了。"

我就要问，我能不问吗？

"平凡的人嘛! 我说过，是偶然! 如果你不出国，就不会有她的存在。"

偶然的倒成了，辛辛苦苦的却没成，成了的，却又不属于自己! 可是，你可知道，我后来多想有个孩子，却办不到吗？

"你现在有了，我补你一个，包括了半个我!"

这倒是，你看他睡着的样子，长长的眼线，还有嘴角，越看越像你了!

"我该走了,她下班要到我办公室来。这里是奶瓶、纸尿片,还有一点点奶粉和同意书……就说不知什么人留在你门口的吧!"

噢!真不早了,我先生也该下班了!

上辈子的教训

> 她为它取名"毛毛"，
> 这是她前夫的小名，
> 她也不知道为什么要用那个名字，
> 但是，最起码，
> 这个毛毛比那个毛毛有良心……

接到电话，她当场就嚎啕了起来。然后，在一屋子同事的错愕中，呜呜哭着冲出门去。

抱起毛毛，她的热泪滴在那冷冷冰冰、已经僵硬的身体上。她怎能相信，这会是三天前还跳上膝头，舔她脸的毛毛。

"你们为什么没救它？你们怎么把它弄死了？"她抬起泪脸，摇着头，瞪着医生问。

"我们尽力了！尿毒症，而且不是一两天了，你早该带它来的。"

"我怎么知道嘛？我怎么知道嘛？"她又呜呜地哭了起来。

　　回到家，电话答录机上的红灯猛闪，还有一通又一通的电话拨进来。都是同事的问候，一个个用急切的、焦虑的语气问："你还好吗？怎么回事？家里出了什么事？要不要我们帮忙？"

　　她一律没接，让那些家伙在上面留话。她恨他们："还假惺惺问什么'家里出了什么事'，家里还有谁？老爸、老妈早死了，兄弟姐妹没一个，老公离婚八年多，除了毛毛，还有谁？"

　　她甚至想冲去对一屋子同事吼：

　　"是你们大家，把我的毛毛害死了！"

　　当然是他们害的，老是问东问西，或临时丢一摞东西给她，要她加班。然后，一溜烟，一个个全不见了，不是去接孩子，就是去会情人。

　　难道我就没孩子、没情人？

　　毛毛就是我的孩子、我的情人！

　　想起刚离婚的时候，每天下班，她就在街上瞎逛，不敢回家。回家，看到一屋子的东西，全是"那个混蛋"的影子。

　　直到有一天，她经过一间宠物店，看到笼子里小小的毛毛，里面的店员出来笑道：

　　"这种吉娃娃，虽然长得小，但是比大狗还聪明、还通人性，你别看它眼睛凸凸，它的眼神好深、好深，可以看透你的心呢！"

　　自从有了这个小吉娃娃，家突然又变得有意思了。推开门，不再面对一屋子的静，而是一个会扑上身、亲她、舔她的宝贝。

　　她为它取名"毛毛"，这是她前夫的小名，她也不知道为什么要用那个名字。但是，最起码，这个小毛毛，比原来那个大毛毛，有良心，也有情多了。

　　"你心里只有我，对不对？"她常对着毛毛说。那毛毛果然就一直点头、一直点头。

　　每次同事们聊天，各自吹嘘自己孩子多聪明的时候，她也会加一句："我的毛毛啊！也聪明极了，不但聪明，而且有灵性！"

　　就有人笑说："是啊！你也该送它上小学了。""这么有灵性，将来说不定能成为'诗狗'呢！"

　　她看得出他们的揶揄，他们不尊重毛毛，就是不尊重她。

　　所以，她恨他们每个人。"要不是总让我加班，毛毛也不会得尿毒症。难道他们的孩子是人，我的毛毛就不算数？"

　　每次她迟到家，还没把钥匙掏出来，已经听见毛毛在里面尖尖地哼。那是一种又兴奋又焦急的声音。

　　果然，打开门，毛毛先往她身上扑，接着就转身衔来牵它的皮带，再不断尖尖地哼着往门外冲，冲到街上立刻抬起脚，尿一大泡尿。

　　"这狗太懂事了，它一定总是憋尿，不敢尿在家里，憋久了，造成尿毒症。你一定常很晚回家，家里又没人带它，对不对？没有条件，就不要再养狗了，换只猫吧！"领取毛毛骨灰的时候，医生说。

她没听，隔了不久，就又去买了一只跟毛毛一样的吉娃娃。

她也叫它"毛毛"，她相信原来的毛毛是通灵的，绝不会离开她，所以转世成为这个"新毛毛"。

只是，新毛毛比旧毛毛差多了，新毛毛虽然也会跳上她的膝头，听她说话，却一下子就又跑开了。

尤其令她头痛的，是新毛毛总爱四处大小便。沙发上、床上都是尿骚味。有一次她新买件衣服，第二天穿到办公室，大家都瞧她，才发现背后弄了一块尿印子。

她还是常加班，每次迟了，她都想到旧毛毛的死，以飞快的速度冲进家门。

然后，为新毛毛绑上皮带，牵出门去。

可是，跟旧毛毛不同的，是新毛毛总一点也不急。常常逛了半天，一泡尿也没撒。

她知道，不晓得又在屋里的什么地方，有了一堆屎、一摊尿。

每次，她忍着骚臭清理擦拭，而新毛毛在旁边"参观"的时候，她都好想狠狠打它两下。

但是，举起手，她又放下了。

她把新毛毛抱起来，搂着亲亲，柔声地说：

"你好乖、好聪明，上辈子得到教训了，对不对？"

那只按时出现的小黄狗

小李每次看狗吃便当，
再看看自己的便当，
就有点恶心，
觉得自己在吃"狗食"。

接连两个星期，小李每天都到这家餐馆吃午饭。

其实这也称不上餐馆，只能算是个大一点的摊子。对着马路敞开的店里，放着几张小桌，炉灶在正前方，烧饭、炒菜、端盘子、擦桌子，全由老板一个人料理。

东西也称不上多么可口，大半是早做好的，临时配配。图省事的客人，则干脆吃现成的便当。

小李就是为这"便当"来的。为了吃便当，也为了看别人吃便当。

不！也不是为看别人，是为看一只狗。

每次小李刚坐下，开始吃，就见一只小黄狗，摇着尾巴走进来。那老板好像看得懂狗眼神似的，想都不想，就拿个现成的便当，放在门口的地上，还帮狗把便当上的橡皮筋拿掉、将盖子打开。

那是一个跟小李现在吃的、一模一样的便当啊！最下面是白饭，旁边一块排骨肉，上面还放个荷包蛋。

小李每次看着狗吃便当，再看看自己的便当，就有点恶心，觉得自己在吃"狗食"。

但是，小李还是来，他硬要看看，这狗到底是何方神圣？那老板又为什么要伺候它？

一定是有阔气的狗主人先付了钱，小李心想。可是从没见过有人带那狗来。小李还好几次在路上看到那只狗在游荡，看来像只野狗。

小李终于忍不住开口了："这只狗……"

老板立刻把话接过来："好可怜！"

"它主人……"小李又问。

"不来了！"

小李一头雾水。看老板忙，没敢再问。

这一天，见客人不多，老板突然一屁股坐在小李旁边，一面往围裙上擦手，一面指那只正吃便当的小黄狗：

"它是老顾客了！没主，以前就常往我这儿跑，捡点剩饭、剩骨头吃。"

"可是，它不是吃……"

"你听我说啊！"老板拍拍小李，又揉了揉自己眉头，歪着脸，看着门外，"有一位飞行员，常来我这儿吃饭，他挺喜欢狗，总丢点吃不完的给这小黄吃。渐渐，愈来愈熟，变成他进门，狗也就站在门外等着。吃完饭，狗还跟在他后面回家，喏！飞行员就住那栋楼上。"老板指指不远处一栋五层公寓，"听说晚上还住在了飞行员家里。但是，只要飞行员出门，它一定也出门。因为那飞行员是航空公司驾驶，一去常好几天，孤家寡人，没人管那狗。"叹了口气：

"不过，那飞行员也真够意思，跟这狗有了感情，居然每次出门，先跟我说好，要我喂这只狗。有一天，他又带狗在这儿吃饭，对！就坐你这个位子，吃你这种便当，我也坐在这儿，陪他聊天。不知道为什么，他突然笑着问我'欸！要是有一天，我掉下去了，你可还得管小黄吃饭哟！'"老板把眼睛瞪得好大。

小李也把眼睛瞪大了："你怎么说？"

"我骂他'您说的这是什么话？我把它当您伺候好不好？您吃什么，它就吃什么'！"

"然后呢？"

"然后……"老板没继续说，站起身，从锅里舀一碗汤给小李，也舀了一碗，放在那小黄狗的面前。

屁　仙

他偷偷从反光镜里看，
看那女人掩着鼻子，
想摇下车窗，又怕得罪了他。
于是忍着一路，吸足了他的屁……

不知天生消化不良，还是豆类吃得太多，从小他就爱放屁。

记得有一回，学校请人来演讲，在大礼堂里，他放了个响屁，一屁传千里，那屁特臭，居然半个礼堂的人都闻到了。大家一起朝他看、朝他骂，身边一群同学甚至站起身，躲到一边。害得演讲的贵宾直看、直看，还以为出了什么事。

从此，他就得了个"屁精"的绰号。上课时只要有一点臭味传出来，即使不是他放的，大家也朝他看。

有一年重排座位，同学甚至都不愿坐在他旁边。所幸导师有良心："放屁是人的生理作用，人人都会放屁，不要拿同学开玩笑。"

　　不过老教官可就没那么仁慈了。自从礼堂放屁事件之后，每次去听演讲，那教官都叮嘱："要放屁，请出去!"虽然是对全班讲，大家的脸却都转向他。

　　也就这么妙，有一回，正听演讲，他又觉得肚子怪怪，有东西从腰带那边震动，开始向下串、向下移，积多年放屁之经验，他知道那是个"挡不住"的大屁。

　　想到教官的话，他站起身，向外走。居然半个礼堂的人，连那教官都笑了起来。演讲人又愣在台上。

　　危机何尝不是转机？缺点何尝不是优点？放屁虽然令他丢足了脸，但是有一天，居然情势逆转。

　　那一天上生物课，谈到臭鼬鼠，能放"救命屁"。几十双眼睛又偷偷瞄向他，下课时居然还有个王八蛋过来问："你会不会放救命屁啊？"

　　"会呀!"他笑着哼了一声，"你要不要打赌？"

　　"赌放屁？"一群同学全拥了过来，有人赌他能说放就放，也有人说："那怎么可能？我赌他放不出来。"

　　其实他自己也没把握。但是心里一紧张，肚子就开始叫，他又想起生物图上大肠向左绕下去的解剖图，于是顺着"那条路线"，一路捶、一路压，居然硬是挤出个屁，且臭得足以让每个人闻到，真让他赚足了面子。

　　从此，他的放屁，居然成为特异功能。大家一传十、十传百，把他的屁功说得玄而又玄。他由被歧视的"屁精"，居然升级了，成为"屁仙"。

可惜这屁仙进入社会，就失去了"卖场"。尤其从事他这个工作，更是有屁放不得。想想，如果坐办公室，偷偷放一屁，大家桌子隔得远，有几人闻得到？就算坐得近，上班不像上课，大可以躲到厕所去放。

问题是，他就好死不死地找了这么一个连上厕所都不方便的工作。至于座位，更是近得不能再近。

起初，他真是费尽了力气，憋！夹紧肛门，硬是等乘客下车之后，再摇开车窗，把屁放出来。在屁香没消散之前，就算有人招车，他也不理。

"那人应该感谢我才对！没让他上车付钱闻屁。"他心想，觉得自己有照顾苍生的"一念之仁"。

但是，偶尔他实在憋不住了，偷偷放一点，偷偷打开一点车窗，再偷偷一点、一点放。渐渐地，愈放愈大胆，这本来就是生理现象嘛！谁不放屁？尤其是有一回，一个中年胖子，上车就放了记大响屁，比他有过之而无不及。他也就不再客气，跟他对放起来，心里笑骂："放屁？谁怕谁啊！"

乘客对放屁的反应，足以显示他们的教养。有的人会闷不做声地，用手捂着鼻子，偷偷摇下车窗。他也就配合着把前窗摇下来，意思是："你闻到了！不错，是我放的。谢谢你不说，让我们一起努力，使它烟消云散。"

也有些没教养的乘客，很不客气。记得有两个三十几岁的女人，先是你看看我，我看看你，确定不是自己人放的之后，居然破口大骂："喂！你有点公德好不好？臭死了！"然后，居然叫停车，走了。他心想："要是你们放的怎么办呢？难道我也可以下车一走了之？"

他愈来愈不平，甚至故意地有屁就放。他尤其喜欢找那一个人坐车的小姐"下手"。

女人一落单，就不神勇了。他偷偷从反光镜里看，看那女人掩着鼻子，想摇下车窗，又怕得罪了他。于是忍着一路，吸足了他的屁。

"你们可以用香水熏我，我当然也可以用臭屁回报。"他心想，有一种特别的虐待的快感，放了屁，肚子爽，心里也爽。

今天下午，在医院前上来一对，一看就知道是父女。女儿还穿着高中制服，先把老男人扶上车，到后面塞进大包小包，又从另一侧坐进车。

那男人其实并不老，只是瘦得干瘪瘪的。苍白着脸，半靠在女儿的肩头。那小丫头居然像个娘似的，不停为那男人，用手指理着过长的头发。

"爸爸该理发了！"小丫头说："回去，我为你剪好不好？"

"你剪得好！你剪得好！"

话说一半，碰到个洞，车重重地颠了一下。那男人就从反光镜里缩了下去，过半天，才又坐直。那小丫头则一脸惶恐：

"还好吗？还好吗？要不要开回医院？"

这一震之后，他也觉得肚子有点痛，糟糕！要放屁。他实在不想放给这一对父女，可是来势汹汹，又憋不住。使足了劲，还是偷偷溜出半个屁。

"爸！什么味道？爸！你放屁了！"小丫头居然兴奋地叫起来："你放屁了！手术成功了！爸！手术真的成功了！"

那男人紧绷着脸，没说话。他也不敢再从反光镜里窥视，惟恐对上那男人的眼睛。

车到了，小丫头砰地跳下车，往一栋老旧的公寓里跑进去，一边跑、一边喊："阿妈！阿妈！快来接爸啊！爸爸放屁了！"

眼角对上那男人的目光，居然没一点怨他的意思，还好像带着一些潮湿、一些感激。

当一个七八十岁的老太太，和小女孩一起，把男人扶出车的时候，男人回过脸，对他点了点头。很轻、很慢地说：

"谢谢你！让他们高兴。"

机器战警

突然，
那机器战警有了变化。
两串泪水像打开的龙头，
噼里啪啦地滚下来……

明明应该是最肃穆的地方，却成了"观光点"。一辆接一辆的游览车，吐出一群又一群的朝圣者。

既然来朝圣，就应该往里走，沿着汉白玉砌成的大道，登上正厅的石阶，向供奉着的伟人、烈士灵位致敬才对。却只见一堆人挤在大门口，绕着牌楼打转。

喀嚓、喀嚓，快门猛按、镁光灯猛闪，闪得牌楼顶上一片金光、牌楼下面一片银光。闪金光的，是那"成仁"、"取义"，斗大的金字；闪银光的，是两侧卫兵的钢盔和皮带环。

多亮啊！那钢盔亮得像镜子似的，反映着下面一群人、一堆圆圆的眼睛。

每个人都盯着钢盔下面的眼睛看。看了半天，一个阿妈叫了起来："会动呢！是真人呢！"

四周便哄起一团笑声。"土啊！连卫兵都没见过！"可是，笑的人又一拨拨地挤到卫兵前面照相。幸亏卫兵站的是铁座子，不然，全挤翻了。

如果挤翻了，卫兵会跳下来吗？还是像尊铜像，直直地倒下去？你看他们两个笔直地立着，眼睛一眨也不眨。下巴下面，尖尖的，伸向前面的领口，又平又挺，好像是木头雕的，怎么看，都像电影里的"机器战警"。

果然，就见个小男孩一面喊机器人，一面过去拉了拉卫兵的裤管。幸亏穿的是裤子，要是换成白金汉宫卫队的苏格兰裙，碰到有人恶作剧，还得了？

另外一边，则有个女生，踮着脚，瞪着卫兵的眼睛喊："你到底有没有看我？喂！你死人哪？你听到没有？你根本就是死人，什么都不敢，去一下有什么关系？我把你看透了！我再也不理你了！"说完，满脸通红，重重地踏着步子冲出人群，不见了。

"她是怎么了啊？"四周的人，你看看我，我看看你："那女生是玩真的，还是玩假的啊？"

"说不定跟这卫兵是认识的！"

"搞不好是他女朋友！"

"那他怎么不动呢？"

"他怎么敢动呢？"

那卫兵确实没动，只是脸有点红，渐渐眼圈也有点红，四周的议论就更肯定了。

"是认识的，没错! 你看他脸都红了。"

"说不定会掉眼泪哟!"

"不会! 他们是不会掉眼泪的，掉眼泪会被打死!"

果然没掉眼泪，红也渐渐消了，又成了个机器战警的样子。

只是，不知什么时候，跑掉的女生又溜回来了。站到那卫兵的身边，低着头，嗫嗫嚅嚅地说："对不起，我错了，我不怪你了!"

突然，那机器战警有了变化。

两串泪水像打开的龙头，噼里啪啦地滚下来……

狗！对邻居要礼貌

"狗！那是我的狗！"
老汉气急败坏地冲到路中央，
抓狗人一要套哪只，
老汉就大喊……

刚搬到这公园对面，真让他有点不习惯。

原来以为对着公园，会特别安静，没想到反而吵，尤其是深夜，有时好梦正酣，突然被一阵狗吠惊醒。

天哪！少说也有十几只狗吧！有大的、也有小的，有老的、也有少的。从那狗的叫声就知道，有的低沉像男低音，有的尖锐如女高音，还有的拉长了嗓子喊，像"花腔女高音"。

一定是有什么让它们看不顺眼的人经过，惊动了一只，十几只就一齐叫起来。

问题是，它们为谁叫呢？猫抓老鼠、狗看门。这些全是在街上流浪的野狗，它们叫给谁听？又为谁看门呢？

所幸有时候叫得太不像话了，便听见沉沉的一声：

"狗！不要叫！"

也真神了！就这么一声，立刻天下太平。

他知道这发号施令的是"老汉"。

大家都管那老头子叫"老汉"，据说是个抗战的英雄，负伤退了伍。腿不好，总坐在门前的椅子上。还常把椅子拖进公园，靠在上面吃饭、睡觉。有时候，拉开窗，看到公园里的画面，倒挺有意思——

老汉在中间睡，群狗在四周睡，一副夫子讲经的模样。突然有车经过，又群犬跃起，吠声大作。

只是这一天有点奇怪。

一大早，外面传来一片犬吠。那吠声跟往常不太一样，带着恐惧，又好像哀鸣。

他拉开窗，看见一群狗正对着一辆车子鬼叫，车里也有狗呼应。两个穿着制服的人，拿着带铁圈的棍子在抓狗。

一个人拦，一个人套。棍子一伸，圈子往狗脖子上一套，一拉，那狗便尖叫着、挣扎着被悬空吊起来。碰一声，扔进车子。

是政府派来抓狗的车子。他正暗自叫好，突然那沉沉的声音又出现了。

"狗！那是我的狗！"老汉气急败坏地冲到路中央。抓狗人一要套哪只，老汉就大喊：

"那黄狗是我的！"

"那黑狗是我的！"

"那是我的小白!"

"那是我的小花!"

抓狗人也火了："满街的野狗，全是你的好不好？是你养的，为什么不打针？为什么不挂牌？"

"老子来不及!"老汉吼了回去，群狗也跟着吼。

抓狗的年轻人大概被老汉的样子吓倒了，一边咕咕哝哝地骂，一边开车走了。开到路口，还被老汉追上，救下两只"老汉的狗"!

"迟早把这些野狗抓走!"抓狗的人隔着车窗喊。

"俺等着瞧!"老汉挥着拐杖骂。

第二天一早，又听见狗叫。

探出头，原来是老汉自己在抓狗。一根绳子一条狗，两只手拉了一串。

他笑了! 心想老汉自己处置了，搞不好是卖给香肉店。

只是，当天傍晚，他下班回来，发现公园里又躺了一排狗。不同的是，每只狗都变漂亮、变干净了。还有，每只狗都带了颈环，环上挂着牌子，有一只摇着牌子对他冲过来。

"狗! 对邻居要礼貌!"后面传来沉沉的一声。

王臭头的梦想

他也喜欢过女人，也逛过窑子，
还溜到野戏台后面，
偷看过姑娘换衣服，
或许也想过……

王臭头有个再普通不过的长相。所谓普通，就是那种你在街上擦肩而过几百次，也不会去看一眼的"某人"。或是看杂耍的时候，躲在人们肩膀后面、黑乎乎、似有似无的那种面孔。只能充个数；不能算个人。跑江湖的用眼角扫一下，也知道这是个看白戏，绝不会掏出半个子儿的"穷光棍"。

王臭头确是个光棍。当然，他也喜欢过女人，也逛过窑子，还溜到野戏台后面，偷看过姑娘换衣服。或许也想过讨房媳妇，只是"想那么一下"，当做梦，立刻就醒过来了。

冲他这臭头，就没人敢嫁他。连他在办公室收垃圾，大家都会站起身，避远着点，看他把垃圾桶清干净，走开了，才回到座位上。

"看王臭头的头,有学问。"有一回主任对新来的几个年轻同志说:"不要把他当癞痢头看,要当世界地图!有海洋、有陆地、有高山、有沙漠,那大块长毛的是咱中国,小癞子的地方是日本!"

王臭头听在耳里,倒挺高兴,突然觉得自己成了国际牌。心想,既然臭脚叫"香港脚",我这臭头,就该叫"美国头"。

这一日,小城里还真来了美国头。据说是什么国际组织派来的亲善大使。有又白又嫩,穿着红蓝条纹花裙子的洋妞;还有个戴红帽子、穿红衣服、黑腰带、满脸白胡子的大胖子。几个人站在新开的百货公司前面,又吹喇叭、又敲锣,拿腔拿调地说些怪话。

王臭头也躲在人们的肩膀后面看了一阵,觉得远不如中国人的杂耍好看。倒是,市长办公室选了几个漂亮的小孩儿,过去跟胖子照了相,还一人拿到一盒绑着丝带的礼物,让王臭头看傻了眼。

"那是圣诞老人,明天是圣诞节了,圣诞老人到圣诞节夜里,会偷偷从烟囱溜进人家,给小孩儿送礼物。"还是邻居张嫂知识水平高,对王臭头做了一番教育。

"哪儿有这好事?"王臭头一手搔着头,一手直摇:"咱们从小到大,谁接过礼?你家的孩子拿过吗?都是资本主义社会,骗人的玩意儿。"

"咳!这你就不懂了,人家圣诞老人是洋人,洋人当然送礼给他们洋孩子。谁管得了咱中国？今儿这个，是做做样子。"

听这么说，王臭头就更不服气了，洋孩子是孩子，咱中国孩子也是孩子，哪儿有这么不公平的事？咱中国为什么没有自己的圣诞老人？

"你算了吧！"张嫂子呸了他一口，连院里正烧饭的陈大妈，也在厨房里笑了出来。

从那天起，王臭头就对圣诞老人感了兴趣，逢人便问圣诞老人的事，还特地跑去小学问那儿的老师。

圣诞老人原来不是老美，是欧洲人。王臭头搔着头，想"我头上哪一块是欧洲？人家欧洲有欧洲的圣诞老人，美国有美国的圣诞老人，咱中国当然也得有一个。"

可是大家的答案全一样："中国没有！"

"咱中国非有不可，咱们的孩子太可怜啦！"王臭头气愤地说。

没隔几天，王臭头的小屋里就传来丁丁当当的声音，又见他到处找人家盖房子锯剩下的小木块，去工厂捡没用的小钉子、小螺丝帽，还钻到树林里，抱回一大篓松果。

"王臭头，听说你开工厂了？"有同事笑着问。

"是！是！做点小东西。"

"什么小东西呀？带来让大伙开开眼呗！"

"到时候就知道了！"

　　王臭头的东西是不准看的，看了就没意思了。小学老师不是说了吗？圣诞老人一年三季偷偷做玩具，再等圣诞节，一家家送。

　　王臭头立下他六十年来的第一个宏愿——做个中国的圣诞老人。

　　他门口堆的材料是愈来愈高了，不但晚上敲敲打打，连夜里也没闲着，还常闪出些火光，透出些怪怪的香蕉水味。

　　院里报告上去。公安来盘查了一回，王臭头都挡在门口不准进。看看王臭头那长相，也造不了反，训他两句，不准夜里扰人，公安就走了。

　　叶子哗啦哗啦掉，秋天要过了，王臭头更忙了，忙着捡松果，还忙着点人头。他跑到小学操场偷偷点数，看看有几个孩子。愈点愈多，愈多愈着急，有时天没亮，屋里就开工了。

　　只是，连着两天，没声音，单位里没见王臭头上班，先想他又在家犯神经了，没理睬。邻居们虽然心里嘀咕，却心底想，只怕病了，病了也好! 安静几天。

　　四天之后，公安才带人把门撞开。

　　大家全傻了。

　　一屋子，只见戴着瓜皮帽的小木人、螺丝帽和铁丝串成的小铁马、用松果和钮扣黏成的小汽车和三夹板盖成的小房子。成千上百、五颜六色的小玩具，摆得满地、满墙、满床。就在那玩具堆里，王臭头直挺挺地躺着，手里还紧紧攥着一个未完成的木娃娃。

棺材安安静静地抬走了。没吹唢呐烧冥纸，倒把几个没完成的玩具做了陪葬，让王臭头带到"下头"去继续制作。

要是他晚死一个月，孩子就能得到玩具了。就算多活半个月也好，最起码能把玩具都做完。不会像现在，娃娃有了白脸蛋、红胭脂，却没嘴没眼。小火车有了车身、轮子，却少了烟囱。

常有人到王臭头的房里张望，也有些孩子惆怅着离开。大家都说没想到王臭头不笨，非但不笨，还有这么好的手艺。

突然间，王臭头的房里又忙碌了起来。夜里又有敲敲打打的声音传出。大人都不准孩子张望，只是偷偷传递着消息。

圣诞节，今年没有亲善团的洋人来表演，也没有象征性的送礼。但是一大早，全城都传来孩子们的惊叫声，接着纷纷跑出来，拿着自己的新玩具献宝。

大人则倚着门，或从窗口探出头笑。

从那时起，这个中国北方乡下的小城，就年年会有圣诞老人，送孩子礼物。只是圣诞老人从来不曾露面，孩子们只有猜，猜那必是个长着白白胡子、红红脸蛋、胖胖大大，穿红衣、戴红帽的——

可爱的老人。

最后一场清凉秀

大家好像巴不得他早早下台，
尤其那些男人的眼睛，
猛往后台看，好像在喊：
"快！你下去！她们上来！"

自从当选民意代表，他问政的次数不多，赶场的时间倒不少。

每天早上出门，他都打黑领带，并在下车前叮嘱自己，眉梢一定要垂下来。

每天傍晚出门，他都打红领带，并在下车前告诉自己，眉梢一定要扬上去。

有一天早上跨出车门，正碰上个当天晚上要嫁女儿的朋友，他一下子搞糊涂了，热情地握手，大声地喊恭喜，才突然惊觉，披麻戴孝的丧家，正肃立在身边。赶紧垂下眉梢、放低声量，且作出沙哑的音调、弓着背，轻轻握着孝子的手："请节哀顺变！"

不过与晚上的应酬比起来，他还是比较喜欢早上的。晚上虽有得吃，可是油腻吃多，实在受不了。而且丧礼可以速战速决，婚礼非但得坐下来吃几口，还不能不致词。

致词，主人才有光彩，客人才看得见。见面三分情，下次的选票才会多。

只是这两年，他实在愈来愈痛恨这种致词。以前，虽然也是他说他的、宾客谈宾客的，没人听他说什么。现在却发现，大家好像巴不得他早早下台。尤其那些男人的眼睛，猛往后台看，好像在喊：

"快！你下去！她们上来！"

她们上来，他就更不自在了。坐在最前面的上座，面对一群宾客，个个眼睛朝他这边飞过来。明知自己背后的舞台，正上演着精彩好戏，他想看，也不敢转头，还得扮着笑脸罚坐。有一次，才回头，就一闪，第二天照片上了报。

"真他妈的混蛋！"他对秘书狠狠地骂，"这种低俗的玩意儿，我一定要想办法禁绝。你看看！下面不单是男人，还有女人和小孩耶！让小孩看这个，多不好!?"

偏偏骂完才两天，他就带着五岁的女儿，去参加个喜筵。

"如果演清凉秀，你就带孩子走！"他老婆说，"就这么一次，管家临时请假，我又妇女会有事，下不为例。"

带着孩子，才下车，两家的主婚人就冲上来握手、迎接。他举着一个不算小的红包，坚持排队，交给收礼的人。又推三阻四的，终于在第一个格子里签下大名。

　　突然听到背后一声紧急煞车，跟着传来孩子的哭声。他大惊失色冲过去。

　　一片鲜血，孩子坐在旁边哭。鲜血里躺着一个秃头的老人。

　　"是阿伯！"

　　"阿伯救了代表的小孩。"

　　看孩子没事，他稍稍冷静下来："阿伯是谁？"

　　"阿伯是阿伯，大家都叫他阿伯，来吃喜酒的。"

　　"那他一定是你们的亲戚、朋友了？"他问婚家的人。

　　"不是。"大家都摇头，"这种喜筵，阿伯自己会来。"

　　那晚上，他没吃两口，就拉着孩子走了。背后传来电子琴的声音。

　　隔天，他亲自去寻访阿伯的家属。

　　乡人手一摊："阿伯就一个人！"

　　"那我怎么报答他呢？"他掏出慰问金，不知如何处理。

　　"让死掉的他高兴、高兴就成了！"

　　"对！"他问大家，"阿伯生前喜欢吃什么？"

　　"阿伯吃素！连水果都不爱。""阿伯也不爱穿，一年到头就那两件。""阿伯不识字、耳朵又不好，连电视都不看！""阿伯单身一辈子，没什么嗜好……除了……"

　　大家全笑了起来。

　　阿伯出殡那天，他亲自主持。

全乡的人都知道，是阿伯救了他女儿一命。大家都睁大眼睛，看他怎么报答阿伯的大恩大德。

他为阿伯造了个不小的坟。各路人马都"知情"地送来花圈和挽联。四处挂满了"痛失英才"、"音容宛在"、"义行足式"的横匾。

穿着白色制服的丧仪队开道，后面跟着十五人的乐队，灵车上有阿伯的画像，四周缀满了鲜花。再后面，是一些自称阿伯老友的专车、他的宾士轿车，以及——

一部载歌载舞的电子花车。

【成功成长一线牵】

发力无边

发力无边

虽然是毫末伎俩，
自古英雄无不俯首。
毕竟是掌上功夫，
从来豪杰莫不弯腰。

梳头像做蛋糕一样

初一大姐要梳头，
初二抹上桂花油，
初三缠上金丝线，
初四挂上乌龙球，
初五照照菱花镜，
初六鲜花插满头，
初七穿上鞋和袜，
初八才往门口走，

初九行至大门口，

初十老天下了场无情雨，

打落了大姐的漂亮头，

大姐流了两滴伤心泪，

到了十五，才过鼻头。

不知几岁开始，小生就会背这首《慢大姐梳头》的儿歌，妙的是，从来不曾觉得那位大姐的"慢"有什么可笑，倒总对她花好几天才梳成的头，被雨水给打坏了，有许多同情。"天哪！你想想，这桂花香油、乌龙绒球、鲜花异卉，一古脑地堆在头上，多像个奶油花的大蛋糕，还没上市，就给砸坏，岂不太可惜了吗?!"

女人梳头，就是这么精彩又饭稀 (Fancy)，相信在每个小孩的心中，妈妈梳头，都是一件了不得的大事。"今天晚上张伯伯家的大丫头要结婚，下午不论多忙，也得出去做个头，总不能蓬头散发地出去丢人现眼哪，到时候你好好在家守着，妈一下子就回来。"从吃喜酒的一个多礼拜前，妈妈就每天重复这几句话，似乎张家丫头的结婚事小，妈妈"做个头"可是了不得的大事，尤其令人忿忿不平的是，明明说"一下子就回来"，却每次都一等再等，等得天都要黑了，才见妈妈顶个钢盔似的大脑袋，三步并作两步地冲进门，随着她慌乱的脚步，那密不通风且冒着浓烈香味的大钢盔，似乎还颤啊颤地。"不会是虎姑婆装的吧?"小小的心灵顿时升起一团疑云，怯生生地仰着头问："妈妈！你怎么不像我妈妈了呢？"

妈妈刚理好的头，就是这么神秘又伟大，那跟做蛋糕是一样的，要加香精，要打蛋糊泡沫，还要进炉烤，只是不能吃，甚至不能碰，非等到几天后，大钢盔外面的胶水开始掉粉脱落，妈妈才回复原来的样子。

理发却像上刑罚

妈妈梳头虽是如此过瘾，小孩子理发可就全不是这么回事了。那不但不是一种享受，甚至可以说是一种刑罚，所以小生敢说：各位看官如果回忆童年，可以不记得自己最心爱的玩具，但八成不会忘记理发时可怖的一幕。如果由妈妈动剪，倒也罢了，大不了挨几句骂、打几下头、拧几次耳朵；相反地，如果进理发店，情况可就不同了。那店外红白蓝直转的东西，固然像棒棒糖，里面可全不是那么回事，推开玻璃门，只见森森然一排牙医椅子，接着就有那身穿灰衣（本来是白衣）的"主治医师"，皮笑肉不笑地过来跟大人招呼，然后便一把被拖离父亲温暖的手掌，将块木板往那椅子把手上一搭，再将可怜兮兮的小鬼向上一按，说时迟，那时快，一道勒喉绳，一件手术袍，已然披上身来。那主治屠夫（到此，已由医师变成了屠夫），脸上虽堆上一片笑，手下可不轻，勒喉绳一扎，已令人难以呼吸，只有作为待宰的小羊，看那屠刀、利剪在眼前、耳边盘旋，早将生死置之度外，对那主治屠夫浓重的呼吸、腋下的汗酸和喷来的口臭，也只有恭敬地品味。所幸那屠宰倒也十分进步，先用"刀宰"，后用"电宰"，接着热水去毛，再加烘烤，便得超生了，等到重回父亲的身边，真有"离燕归巢"和"劫后余生"之感，"哇！再世为人，岂不快哉！"

头发是上帝超级的发明

如果上帝在用黏土捏制人类时，经过一步一步的设计，我们的四肢五官固然是了不得的构想，那顶上的毛发，更该是超级的发明和独具匠心的艺术创作。

小生如此讲，是有道理的。各位试想，我们的四肢五官，去掉哪一样，都了不得，惟独头发，便是天生"牛山濯濯"，除了丑些，倒也无大碍，所以上帝创造头发，与设计其他器官的构想大不相同，他不是考虑实用价值，而是为了美化的功用。所以，头发成为了亘古以来人们变化的对象，它的可塑性，是我们全身任何一处所望尘莫及的。女人们描眉、画眼、夹睫毛、打鼻线、涂唇膏、上腮红、扑粉底，再怎么变，也变不到哪里去，惟有那头壳上冒出来的三万青丝，足供玩弄，或长、或短，或高、或低，或盘在脑后，或摊在额际，或蓬在颊边，或编为辫子，或扎成马尾，或堆为鸟窝，或鬏为黑鬼……真可以说是千变万化；至于色彩，更是任卿挑选，要黑、要褐、要蓝眼美女的"金黄"、维京美女的"胡萝卜红"（Carroty）、富贵沉厚的"貂黑"、俄国家猫的"蓝黑"（Russian Blue），抑或稳重蕴藉的"银白"，甚至五色齐全的"什锦大杂烩",只要将那几样"臭药水",对来对去,照方抹来,不出一个钟头,保证就能"面目全非"昔日,怪不得有烫发店要登广告:"请不要对从本店出来的美丽少妇吹口哨,因为她可能是你的岳母!"

两千五百年前的中国女人用洗发精,也戴假发

正因为人们的头发如此适于发挥创意、帮助改变面貌,加上为了卫生、方便、安全 (头发愈长,打架愈容易输),乃至求清心寡欲 (譬如去发修行) 等目的,加上它还会不断地生长,使梳头、剪发、理容,成为人生不得不做的大事。固然说"粗服乱发,不掩国色",总还是"鬓云欲度香腮雪"的美;固然说"病中梳头恨发长",说归说,发总还是要梳的;虽则自叹"浑欲不胜簪",却还是要插簪;只有到了"人生在世不称意",才会"明朝散发弄扁舟";或丈夫许久不回家,十分恼恨沮丧之时,才会说"自伯之东,首如飞蓬" (见《诗经·卫风》)。

"整理头毛"既然是人类的"天职",那剪发、理发、束发的工具、材料,自然也应运而生。君不见:那出土的古墓中,总少不了梳子、篦子、金簪、玉笄之属,那文学作品中,总少不了"当窗理云鬓,对镜贴花黄",或"小轩窗,正梳妆"之类的句子,连旷世巨作、顾恺之的《女史箴图》中,也有两幅梳头、整发的画面,而旁边化妆箱 (妆奁) 里,正是琳琅满目、瓶瓶罐罐,大概是梳发油、洗发精之类的东

西。

看到这儿，各位看官或会说，小生未免吹牛，早在晋朝，怎可能有洗发精？其实据小生考证，远在写《诗经》的时代，也就是两千五百年以前，我们的祖祖祖奶奶们，便已经享用了香膏和洗发精，所谓"岂无膏沐？谁适为容"，《卫风·伯兮篇》里的那位女子，早就有了"膏沐"，只是不知有没有"润丝精"而已。

说来您更要不信了，我们的祖祖祖奶奶们，不仅懂得用洗发精，而且还会戴假发呢！"髢"这个字，在小篆里早就出现了，意思正是假发。据史书记载，古时候常把"贱人"、"受刑罚者"的头发剪下来，给女人们做假发；战胜者更可能极自私地将敌人太太的头发剃下来，送给自己的妻妾做假发。

由此可知，头发不仅生在顶上，十分耐玩，剪下来也弥足珍贵，这又是头发与我们其他器官一大不同之处。其他组织，切下便要腐烂，惟有头发，不但活的时候取之不竭、源源不断地生出，死掉以后，还能成为骷髅的美丽装饰。前些时中国西部发掘到一个数千年前的金发女尸，若不是因为她长得一头金发，谁能从那几百根枯骨中，引出如此遐思呢？

把人间的云鬓，化为天上的星辰

也就因为头发这么有用，不单可制假发、可供考古、可以卖钱，还可以连头皮一齐割下，做洋娃娃 (据说早期白人割印第安人头皮作为纪念)，甚至还能献祭。在希腊神话中，埃及王后贝莉乃克就曾经为了祈求丈夫战胜归来，而把自己的秀发献给丘比特的妈妈——维纳斯，后来维纳斯十分感动，竟将头发上呈天都，由诸神把它变成了有名的"黑发星座"，于是人间的云鬓，化为了天上的星辰。更有新诗作家向他的爱人献诗："那黑色的夜空，仿佛你一把拢来的秀发。"小生则认为，"夜幕低垂"若改为"黑发低垂"，当必更引人绮思。

"发"字的趣味

从造字就可以知道，中国人要比洋鬼子聪明许多，譬如"髮"这个字，上半部"髟"，表示"长在头上的毛"；下半部"发"，意思是"拔"，形容头发从顶上不断地生出，仿佛"拔擢而出"一般，可以说我们老祖宗造这个字，是既有"形声"的结构，又有"会意"的趣味。反过来看洋鬼子，管它什么头发、体毛、猴毫、虎毛、兔毫、老鼠毛，一律叫"黑儿" (hair)，他们居然没有注意到人的头发与其他动物的毛差异可大了，君不见：人的头发若不修剪，会一个劲地生长，据金氏世界纪录的记载，足可以长到二十六英尺，可是总没看过那不理发的猴子、猩猩或狒狒，会长发披肩吧！也就因此，人类远从山顶洞人以前，便不得不懂得理发，他们可以不美发，却不能不把太长的头发割断，各种割发、束发的工具即因此产生，理发师这样专门的行业也自然早早就兴盛了起来。

剃头挑子的脏布不知围过多少个脖子

剃头挑子，小生童年见过，顾名思义是个"挑子"，而其工作则是为男人剃头，那挑子一边挂只木头箱子，上面有几个小抽屉，放些理发的刀剪工具，剃头时则兼做椅子，让顾客坐在上面；至于"一头热"的那端，则置个炭火小炉，外加热水锅，以便为顾客洗头、拧热"毛巾把"。小生印象中，剃头挑子似乎都是在下午四五点钟活动，担到村里聚落之处，将挑子放下，自然有顾客前来，于是一张脏布不知围多少个脖子，两把剪刀不知修理多少好汉，太阳未下山，只怕半个庄子的男子，都变成了一样的毛葫芦，若当癞痢头风行，自然更能普度众生，统统有奖。

梳头婆子的"绞脸"奇事

至于"梳头婆"，这定义就太广了，举凡是个"婆"，又为人梳头，自然都能叫梳头婆。但是在小生记忆中，那梳头婆总是伶牙俐齿、手脚利落，头后拢一个髻，梳理得一毛不乱、又光又亮的中年女人，她们与剃头挑子不同，后者的生意常是临时光顾，梳头婆则多半事先约好，于是出了这门，进那门，是绝不在村圩场子上交易的。

此外，梳头婆有门特别的功夫，远非剃头挑子师傅可比，就是为人"绞脸"（又称"光面"或"开脸"），只见那妇人将粗线的一头咬在齿间，往右手上打个转，成为交叉状，再向对方脸颊额头上一推、一拉，便将成片的小汗毛统统拔下。据说初被绞脸的滋味，可以比美"上刑"，绞罢，只见满面红光，活像是起"风疹块"一般。虽然如此辛苦，据说早年在祖国大陆，女子出嫁之后还非绞脸不可，必要将额头绞个光光净净，把那小细毛、"桃花尖"一并去除，而由这绞脸与否，也可以分辨出女子是云英未嫁，还是已成"死会"。至于梳头的功夫，梳头婆也总比剃头师傅高明，不但花式繁多，而且名词新鲜，什么麻花头、蝴蝶头、元宝头、面包头、螺丝转、鸭屁股，弄不清楚，听来还以为是玉盘珍馐、满汉全席呢!

小生八岁理发记

梳头婆专管女人，小生自然无缘，但是剃头挑子也不会尝试，因为先父健在时，小生独子，堪称"龙宝"，少不得到"牙医椅子师傅"那里受刑；父亲过世之后，剃头挑子已不太出现。而上理发店印象最深刻的，倒是由佣人带去理发的情景。

那时先父已因病住院，家母少不得随侍在侧，照顾小生之职，便落在佣人老张之手。这老张为了把才八岁的本少爷哄得高兴，自然屡出奇招，尤其是理发一项，更是十分令小生称心。于是每隔两周，他便会骑着脚踏车，载小生远赴东门理发，那是他挑的一家小店，比小生原先所去的地方，足足远上十几倍的路途，不过一路观赏风景，倒也十分惬意。尤其有意思的是理出来的头，自是不凡，既有七三分头，又厚厚地抹上一层香喷喷的凡士林油，岂不令小生顾影自豪，觉得长大且英俊了不少。尤其重要的是：这家店便宜得多，于是剩下的钱能在温州街的巷口买几颗粽子糖，至于再多的，当然进了老张的口袋，原因是：回家第一件事，就得请老张为小生洗头。

小生理发"三大忌"

初三那年，小生搬到了师大对面的金山街，理发可就方便了，因为正对门就是一家理发店。这家店座位虽然不多，生意可是不少，理发小姐的替换更是频繁，据说那些刚练完为冬瓜剃毛的小姐，总以这种小店为出师的第一站，而小生初既不知情，后来又图方便，所以也颇能以"上刀山"、"下油锅"的精神前往。

不过小生在此店理发有三大忌，第一是刚来的新手，小生拒绝；第二是男友在外等候的，小生不敢理；而尤其令小生害怕的是，演电视连续剧时，小生绝对不去理。

小生这三大忌，可都是由"血淋淋"的教训中建立的。话说那第一忌：记得某日小生为了次日学校要查头发，而

"急不择人"地往椅子上一坐，上来是位眉清目秀的新人，看相貌实在有几分舒坦，料想不会差到哪里去，小生也就放心地低头看报，直到该要起身去洗头，抬头往镜子里一看，小生差点昏了过去，只见一个三角头的怪物赫然呈现，头中央一道白，左右高高耸起，活像两只犄角，双鬓则一高一低，一浓一淡。

"怎么理成这个样子？"小生火冒三丈地说。

"很好看嘛！"小姐嫣然一笑地回答。

至于第二忌，是因为小生某日理发，正碰上一位恋爱中的少女，按说这种女孩应该喜气洋洋，工作效率特佳才对，岂知那一日正巧男友在门外站岗，起先只见那小姐剪两刀，转头抛个媚眼，既而不仅张望，而且猛看手表，这时那门外的男友已经急了。

"只剩五分钟就要开演了！"说着摩托车轰轰地发动了起来，"卡紧！马马虎虎就好了嘛！"

于是小生就理了一个十分像马又像虎的脑袋，而且回家才发现颈上竟然伤痕累累，破了好几处，不过小生也因此体会出唐诗边塞派"葡萄美酒夜光杯，欲饮琵琶马上催"的境界，堪称失中一得。

从此，小生绝不找"欲理男友车上催"的小姐。

谈到第三忌的由来，就更可怕了。理发小姐看电视，本是常有的现象，小生过去也曾再三遭遇，但是从没有这一次的惨痛。怪只怪当天上演的正是一幕武侠连续剧的完结篇，只见那小姐手下虽不闲着，眼睛却盯着电视不动，问题是，看也便罢了，她大小姐且十分入戏，只听那小姐说："哇！这一刀好险！"于是小生也就挨了好险的一刀。

"啊！要死了！要死了！"小姐大喊两声，于是小生也就差点脑袋开了花。

这场惨痛的理发，足理了半个钟头，但是洗头只用了两分钟，正配合广告休息的时间。

回到家，惊魂甫定的小生，先检查了耳朵，看看有没有被女侠削去。

"护发"运动问题多

前面提到学校检查头发，相信这是至今初高中生都常遭遇的问题。为了爱美，为了身体发肤受之父母，不敢毁伤，"护发"似乎是"自古"以来中学生们便致力的运动，至于那争取的对象，自然少不得是教官和训导主任了。

记得小生初中阶段，训育组长在检查头发时，总是备上医生专用来剪纱布的弯剪刀一把，举凡头发过长，经用尺量，有逾三分者，一律在正中央开"天窗"一块，远看活像草原间一条飞机跑道，使得被剪的学生次日非剃个半光头不可。

高中时，教官似乎比较人道，头发超过标准者，记下名字，限第二天理短，但妙的是，小生有位同学，一气之下，第二天剃了个光头去见教官，居然还是被记了警告，理由是：消极反抗。

　　谈到教官查头发，可真是毫不放松。记得小生当年同班有个朋友，天生一头如黑人般的小鬈发，无论多长，看来总像是贴在头皮上，理当回回检查过关，其实却不然，因为教官会将他一根根头发抪起来用尺量，结果十次有七次通不过。而最困扰的却是他的理发师，谁能把那种小鬈发一根根拉平了剪呢？

　　我想对于中学生头发加以规定，学校自然有他们的道理，便于识别，使中学生不易涉足不良场所，是最大的原因；便于清理，有益于保健，此其二也；大家千篇一律，有助发挥团队精神，此其三也。

　　问题是：今天假发通行，价廉物美。

　　问题是：今天已经不是三四十年代，那种头虱感染普遍的情况，而头发的保护作用，在剪为三分头之后，几乎丧失殆尽。

　　问题是：历史上几千年来，对头发没有什么规定，反倒是当年大清王朝，规定蓄发留辫子，日本占领台湾时代规定学生短发。

　　所以对学生的头发设定一个限度，以免过短、过长，我赞成，但是想制造一群"毛葫芦头"地千篇一律，我则认为不妥。因为青少年们，也当发展他们的独立人格，在相同中，应该让学生发展他们个别的"异"，把学生的"人格、个性"压缩在同一个模子里，只可能制造缺乏创意及独立人格的下一代。

初次梳西装头，不一样就是不一样

所幸护发而终不得留长发的六年，转眼便过，拿毕业证书之后没几天，看那头发已长得可以让头油压下去，小生便"当窗抹油头，对镜擦发霜，脱我卡其裤，着我新西装"地风光了起来，岂知许多头痛事也便接踵而来。

第一件头痛事，居然就是理发。初次梳西装头，真是不一样就是不一样，理发店老板娘笑得特别多，小姐洗头抓得特别重，价钱要得特别高。尤其可怕的是吹风，只见那理发小姐在吹风机的入风口处贴上一张纸（使得出来的风特别烫），然后左手托着条湿毛巾，一路擦油，一路烘烤，往头上吹一下，接着便以湿毛巾压下去，顿时但觉一股炙人的热气，直往脑门冲下来，加上油油的发霜，愈发如鼎沸下灌，跟着便听到吱吱之声四起，一道白烟已自顶上腾升，进入鼻中的，则是股烧猪毛的味道。

走出理发店，历劫归来的小生，对于理这殷盼六年，终于如愿以偿的处女西装头，归纳出两点感想：既有受妲己炮烙之刑的痛苦，又复烤乳猪的滋味，堪称十分"痛"快。

带着香喷喷的油淋乳猪，幽幽地进入潇洒的梦乡，小生居然一夜都未曾翻身。

成功岭上的"理发"滋味

可惜美景不长，还没来得及在亲友面前充分曝光，便突然接到成功岭的入营通知，抱着"不到最后关头，绝不轻言牺牲"的想法，离家前，小生还着意梳理了一下，因为想那昔日同窗们，当必也都风光了起来，正可以彼此"士别三日，刮目相看"一番。

岂知来到那火车站前的集合场，发现万头攒动，好似鱼丸汤一般，而老同学相见，大家非但没有如小生一般"克拉克盖博"，反而多半"由复而剥"成了油剥连纳，而且刮得干净利落，十分耀眼，敢情他们是自知上了成功岭，难保三千烦恼丝，为了免得到时烦恼，且受皮肉之苦，倒不如事先"自行了断"，这种"壮士断发"的气魄，真是何等豪放，又何其睿智啊！

说他们睿智，真是没错。

入营的第二天，正是听到婴孩把尿吹口哨声都会心惊胆战的时刻，午饭后，排长突然笑脸迎人地宣布：

"今天下午，给你们轻松轻松，特别请理发西施来为各位美容。"

有道是，入伍受训期间，连母猪都变得可爱，听说"西施"前来，小子们岂不乐坏，心想还是没有自行了断比较聪明，至少能一近西施的芳泽。

果然两点多钟，哨声大作，全体在集合场集合，跟着便见一辆吉普车自暑气腾腾的远方幽幽而来，正自有洛神甄宓"罗袜生尘"的韵致与联想，车子缓缓在营前停定。班长早一个健步地趋前启门问安，便听得车内丁丁当当，莺声燕语，想必是环佩相击之声，愈发引人遐思。跟着更见一方妆奁递了出来，由士官长趋前捧着，众人莫不屏息以待。终于门启处，西施探出一头，艳阳下，面目看得不十分清楚，惟见西施嫣然一笑，真个是"暂引樱桃破"，便见口中一排金牙，灿灿然射来，而三位"阿巴桑"已鱼贯而出。因作"剪刀行"半篇：

> 千呼万唤始出来，犹拿剪刀半遮面。
> 转轴磨刀三两声，未曾理发先有惊。
> 弦弦掩抑声声撕，借诉平生不得志。
> 低眉信手续续剪，剪尽三千烦恼丝。
> 既拢又捻抹复挑，初为霓裳后六妖。
> 手剪嘈嘈如急雨，电剪卡卡如雷雨。
> 手剪电剪错杂剪，长发短发落眼前。
> 小李小王悄无言，惟见西施开欢颜。
> 同是天涯沦落人，相逢只恨不相识。
> 座中泣下谁最多，台北小生青衫湿。

行笔至此，果然若白居易所说："东船西舫悄无言，惟见江心秋月白。"

手上功夫威风八面

> 刀刮三川英雄，拳打五岳豪杰。

　　如果哪天您看到这么一副对联，可别以为那是《水浒传》里母夜叉孙二娘开的人肉包子店，或哪位绿林舵主的香堂，更别以为那刀刮是"千刀万剐"、"拳打"是"飨以老拳"，或联想到青龙偃月刀、少林拳什么的，实际上，那非但不是个恐怖的所在，而且是个绝畅的地方。那刀，虽真是吹毛即断，且刀刀近喉；那拳，虽然是内力十足，且拳拳打穴，可是直刮得人爽利、打得人舒服——那是理发店。

　　如果说人天生的弱点，是难逃食、色的诱惑，那么后天的弱点，便当是躲不掉理发师傅的感召了。而且只要坐上那张椅子，便毫无戒心、俯首弯腰地任对方摆布，尽管早期西部片和现代警匪影片里总是演出那在理发店暗杀的一幕，人们似乎只要理发师傅把那白布往身上一盖，用绳子将颈子一扎，便心想横竖白布都盖了，颈子也勒了，也便把一切都交托了出去。怪不得，有理发店要挂出对子：

> 虽然是毫末伎俩，
> 自古英雄无不俯首。
> 毕竟是掌上功夫，
> 从来豪杰莫不弯腰。

　　凭那毫末、掌上一点技术，让自古以来的英雄豪杰俯首弯腰，谁能讲有半点吹嘘呢？说的倒也是，有谁理发能仰着脸，不弯腰又如何捶背呢？所幸不是所有的理发店，在写对联时都只图长自己的志气，灭顾客的威风，且看下面这联，非但给客人戴顶高帽子，而且连"梳分头"都隐喻时局、辨别忠奸，堪称佳作：

> 快刀刎颈，独能谈笑东西，正是英雄本色。
> 利刃当头，必要划分左右，果然义士原则。

理发店是情报站

理发的时候，与师傅聊天，大概就跟一个人坐计程车，与司机谈笑同样的道理，前者是把头颅、颈项交了出去，任凭对方利刃来往；后者是把一条老命放在车上，听凭对方驰骋。也就因为将那安危都交付了对方，所以尤其来得亲切熨帖、推心置腹，也便自自然然地把那心腹间事掏了出来。似乎人们脑子里专司审核的机构，只消理发师傅一刮、一捶、一转，便全然失去了功效，于是平常连对枕边人都守口如瓶的话，全录音带似的播进了理发师的耳朵，怪不得许多间谍都扮成理发师的样子，因为进可以攻 (割喉)，退可以得 (套情报)，哪一种身份能比扮演理发师更好呢？

所以理发师傅虽未必是饱学之士，但十九是"饱听之士"，从张先生晨跑进了别人家、李太太的小狗泻肚子，到王太太拉了皮、李嫂子和了牌，乃至股票行情、鱼肉市价都一清二楚，而且由那众多客人提供的情报中归纳，往往可以得到相当准确的结论，小生就曾听过一位美发师傅说：

"某老板一家要做经济犯，到外国重'新'做人这件事，我早就知道了。"

"是不是他太太告诉你了？"小生问。

"她可是守口如瓶，一个字儿也没吭，但是见微知著，从小处观察就得了。"美发师傅得意地说，"他太太从来赏小费，都出手大方，但是有一阵子突然吝啬了起来，言谈间似乎牌也少打了，接着便好一段时间没来，可知她先生的公司八成周转有了问题。然后突然她又频频上门了，而且总是跟我打听李董事长夫人、钱老板娘这些人烫头的日子，并且凑着这些人的时间来洗头，还抢着付账呢，道理很简单——为了邂逅。至于跟我聊天，张家长、李家短，一下子全没了，倒是加了成串的洋文，说什么恶补英文，这时我心里已经有了个谱，只是不太确定罢了！直到有一天，她匆匆忙忙地跑来，还夹着她那半大不小的丫头，居然说是要一改往日的发型，请我给她们烫个狮子小鬈头，她虽然嘴里说什么时髦好看，我心里一哼，还不是为了出国之后好梳、易洗又持久，果不出我所料吧，没过三天，就看报上登出他们举家潜逃、溜之大吉的新闻。"

耳边喁喁私语时

由此可知，要想套情报、抓新闻，乃至遏阻经济犯，最好的方法，就是常常去向理发师傅攀交情。而太太要想调查先生的秘密，可以去问他的理发师；丈夫要知道老婆的隐私，她的美发师正是攀谈的对象。只是如果她或他与理发师傅有了隐私，调查起来就难上加难了。

　　偏偏人天生就有对理发师产生好感的弱点 (小孩子例外)，一方面因为推心置腹地对理发师不存戒心，一方面因为理发时让对方环绕着东摸一把、西抓一下，心中有了许多"牵动"，再加上你坐着，他站着，讲话总像是在耳边喁喁私语，许多师傅奉承拍马的段数又高，一会儿说你皱纹不见了，一下子讲你比实际年轻最少十岁，再不然称赞一下耳垂有福、天庭饱满、头壳圆正、发质细润，怎不令人"心中舒坦"呢？所以许多弊端也便由之产生，而且不限男女，无分中外。连早年在北京的"白玫瑰理发厅"，都闹出理发师与女顾客的花边新闻，至于华伦比提在《洗发精》电影里演的比华利山庄理发师，就更来得过火了。但是相反地，在那理发师功夫欠佳、设备太差的铺子，或由同性理发的情况下，这种问题是无由产生的。您想想，如果理发师傅"吐气如烂"，穿件油锅大师傅似的袍子；器具不干净，让人心里麻麻地直怕染上"爱死"；刀子磨得不利，下下是连剪发带拔毛；加上洗头只洗半边、冲水像是烫猪头肉、吹风又如焚风燎原，如果再逢三伏天，没冷气，主客皆挥汗如雨，理发好比上刑，又如何产生许多绮思遐想，勾得起那额外的兴致？

小生理发难得风流

　　当然还有一种人，理发是难得风流二字的，那就是——小生我。各位看官或是不信，且听小生细细道来。

　　理发师最痛恨的人，除了秃子之外，大概就是艺术家了，而且在他们心中，艺术家一定比秃子还可恶，因为秃子非不为也，是不能也；艺术家却非不能也，是不为也。似乎非要于思满面、长发披头、油彩一身，显不出他是个具有气质的艺术家，就算头发长得不像话，非得进理发店不可了，往往也只是修修短，全无什么发型可言。有时理发师不小心用电剪削去了艺术家"梵高式"的短髭，或伤了"大千式"的胡子，只怕还会勾起了艺术家式的脾气。至于洗头嘛，艺术家更是令理发师傅头痛，倒不是有头虱，而是其中星罗棋布、五色斑斓的油彩，干了之后连松香水都溶不掉，又如何用肥皂洗得去呢？

　　小生我，当年在美术系，就是这么一号人物，虽然原先也爱将头梳得光光亮，但是进了美术系，举目所见尽是竹林七贤，也便入境随俗，不得不洒脱起来，偶尔被理发小姐煞费苦心地"砌成"一个方方正正的油头，不待走出店门，便忙不迭地把头发抓散，虽然自知这是当人不给小姐面子，但是总比出门让同学看见，笑小生毫无"灵秀之气"来得好。也就因此，在大学时代，小生从来不曾给理发西施留下什么好感，自然也不可能有什么奇遇。

　　转眼进入"中视"，为了每天要在荧光屏上亮相，小生真可以说是脱胎换骨地来了一百八十度大转变，从那疏宕放浪、不拘形迹，变为衣冠楚楚、一"丝"不苟。每日穿着，少不得配色对花；上节目前，如果额头太亮，还得请化装师扑粉定妆；至于头发就更不用说了。脑后从小就桀骜不驯的那三根毛，总要用吹热的毛巾压得服帖，免得侧面镜头成了漫画里的"阿三哥"；前额老是横掠的那几撮刘海，非得弯鬈之后，调上油，再翻个小浪花，贴在脑侧不可；为了额头太大，头发的前缘，自然以斜斜伸出，似个房檐一般为佳；分头的发线，则要顺着右脑门的那个天生的"旋"来为之。至于发霜发水，自然也有许多考究，肥皂会伤发质，是断断不能用了；润丝则要含蛋白质，以保护发根；洗头时不可抓得太重，否则必伤肌肤；上油前必先擦"摩根"，以免生头皮；而发霜要不油、不腻、不过分浓郁、不会过三个钟头就被头发吸干为佳。当然除此之外，捶背、指压、按摩、做脸更不可少，而且要附加热敷、红花油，真可以说是极尽讲究之能事。可是尽管如此，小生还是未尝在理发时，有过半点奇遇——因为一切都在"中视"大楼地下室的员工理发厅解决。

"中视"理发厅，地方虽然与那所谓豪华理发厅的规模相比，只堪做个洗手间，但是其中高手既多，名堂亦复不少。女子部，小生是未尝领教，单看那男子部便已十分精彩，但见其中有专门为理发而正在俯首弓腰之士，有抽空借地方挺尸吹泡的兄弟，有通宵排戏累得非找师傅马杀鸡就再也撑不下去的红星，有专为看报章杂志而凑热闹的演员。忙的时候，只见同一位师傅，这边才放倒一位，正盖着块热毛巾喷气呢，那边已经调上"酱汤子"，为人染起发来，此刻电话又响，已是四五位在后面排队，而小生又匆匆冲入："马上上新闻，帮帮忙，今天又吹风，又淋雨，头发实在太脏太乱了。"

师傅倒也爽快："腾不出手，不用洗头了，吹吹风吧，上了镜头，没有人看得出脏不脏，有个规模就成了!"

观众们透过那个玻璃小方块，确实看不真切，总把小生看大二十岁，倒也罢了，某日居然接到一位热心观众的指示："以后不要搽太多油，连苍蝇都要滑下来了，油乎乎的!"

原来小生"大七紫三羊毫"的华发，透过荧光屏，竟变成了油亮的反光。

谈到在"中视"理发，虽无风流可言，倒也十分过瘾。小生大约可以说，活到那么大，直到上"中视"理发厅，才知道理发居然是种享受。记得那时小生每次总是指定由八号师傅"料理"，此兄不但记忆奇佳，任何人只消找他理过两次，便能将你要的发型、长短、擦的油料记得一清二楚，从此再也无须操心，而且他的手下功夫更不含糊，尤其是"拳打五岳豪杰"，那错骨分筋之术，更有独到之处。刚出锅火烫的毛巾，在他手上抖那么两下，落得脸上，便正是"恰称人怀抱"的热度；脸上薄涂一层面霜，额际左右一分、一按，再往眉心一捺，两根手指朝眼窝一压，真有说不出的提神明目的效果；至于捶背捣胸就更不用说了，左右肩井一抓、一提，虎口、关节连抽带抖，咔咔作响，再把手肘向后一屈，往肩胛骨后那根筋掐那么两下，真是既有痛彻心脾之疼，再加咬牙切齿之苦，但跟着便直觉得透到骨子里的爽快，小生至此乃大悟：痛快、痛快，痛而后快，斯之谓痛快也。

中国的理发功夫叹为观止

可惜痛快之时不长，一九七八年二月，小生应丹维尔美术馆之邀，远赴异乡，接着念书、教课，一待至今就是六年，这么多年来，最怀念故国风味的，除了纽约中国城也难吃到的圆环小吃，就是台湾师傅的"毫末之技"了。

我们常叹罗盘、火药、印刷术是中国人发明的，只可惜不知发扬光大、继续研究，才会让鬼子们超越，其实西方人何尝无此憾恨，许多东西是他们创造的，但是到了东方人的手里，就变得比他们巧妙。别的且不谈，单单理发的功夫，中国人就能比死美国佬。尽管那理发店外红白蓝三色直转的棒棒糖是洋人发明的，森森然的牙科椅子是鬼子制造的，电剪、吹风机是他们首创的，可是中国师傅耍起来，硬是能恢弘扩大。君不见：那电剪上套个小白塑料格子，便能飞快地理出初中生东洋味十足的"三分头"；土剪刀除了"顶上飞"之外，还能"洞里钻"，将那鼻中的毫毛，整理得有条不紊；而梳子里装上刀片的刮毛、打薄，加上倒着挑的打蓬，更是几大绝招。尤其令洋人佩服的应该是中国师傅还都兼能悬壶济世，一盏小灯、一根细竹挖子，再加半团棉花，便能做起耳科医生的买卖，于是人身七窍，单单理发师傅便料理了四窍，岂不伟哉！至于那理发椅子就更不用说了，虽是鬼子发明，但是除了意大利师傅还能在上面捶捶打打、东施效颦地来几下之外，洋人做梦也想不到我们理发小姐在上面能变出多少花样。

洋人理发大约跟西餐一样——淡而乏味，且少花样，尤其妙的是，吃西餐总是先喝汤，不像中国人是后上汤；同样的，中国师傅是剪完才洗头，洋师傅却是先洗头，后剪发，道理很简单：他们只图头发湿着容易梳整、修剪，不会有杂毛随着剪刀跳来跳去，却不考虑顾客回家之后，还得再洗一个头。

理一个草菇头美金二十五元

至于发型，真是甭提了，记得小生初到美国时，挨了三个月，头发实在长得不像话，终于鼓足勇气，慎重地千挑万选找一家门面气派的发型师 (Hairstylist) 剪彩，这位师傅倒也真不含糊，一件白袍，纤尘不染，顶上虽已髡残得只剩几十根毛，兀自梳理得平整舒坦，相片菩提叶似的贴在油亮的红色头皮上，以一种倒屣相迎的姿势将小生奉上椅子，便自擎来一把喷壶，先喷个满头满脸的水，真是弄得小生一头雾水，不知如何是好。然后便见他手执小剪刀，一梳一剪，细挑慢修起来，足足折腾了有四十分钟，总算大功告成，接着竟然不洗头而径自为小生吹起风来 (原来是因为小生未事先表明要洗头)。这吹风也还是有模有样，一梳、一拢、一吹风，而那吹风机送出来的风，真是十分"王道"，简直比春风还凉，足足又弄了十五分钟才算吹完。然后端来镜子，在小生脑后左比、右比，小生当时没戴上眼镜，只懂得朝那一团模糊直点头，天知道，他已经为小生解下罩布，没擦油，居然理完了。戴上眼镜一瞧，真是慢工出细活，小生那蓬松的一头灰发，恰以鼻子为圆心，画成一个球，这时他又得意地在脑后举起镜子，请小生端详，只见白皙的颈子上顶着个圆盖子，简直像扣了个大草菇，而这个大草菇，连小费居然要二十五块美金。

回到家，小生前后照了半天镜子，想找出半丝美丽的安慰，果然愈看愈觉得眼熟，似乎在电影里见过，某位侠客正是如此装扮，对了，小生大喜，这不正像剑侠罗宾汉……跟班的那个傻子吗！

有了这次痛苦的经验，小生放聪明了，洋人审美的品味，小生无法消受，还是多方访查，找那既能投缘，又复便宜的小店吧！

人手一本《花花公子》等理发

果然德不孤，必有邻，居然"众里寻他千百度，蓦然回首，那人却在灯火阑珊处"，就在小生住所一转角，就有那么一位意大利师傅的"一人商店"。此店初看便觉十分亲切、四海，只见门口墙上贴美金一元钞四张，似乎有东方式的迷信；四顾墙壁，可不像前面那发型大师的店里贴有各种发型图片，而是各国泳装少女，外加东洋和服佳丽的过期月历，另挂塑料梳子若干支，皆标明售价，旁边并加注："也适合为狗梳毛"。此外更有歪斜英文草书写明价目，剪发四元，连洗头五元五角，再附注："本店无厕所，不接赊欠。"而尤其惊人的是，虽然全店只有他一人主理，顾客居然坐了一大排，而皆埋首苦读，阒然无声，若将赴考场状，走近一看，才知人手一本《花花公子》杂志。这时突然由店外走进一个七八岁的小男孩，也要理发，只见老板一瞪眼，挥手指着最里面的两张椅子："坐在那角落里，不准乱动!"那孩子倒也真的目不斜视地径自走了过去，乖乖坐下，也便不做声，原来椅子上早放了一沓漫画书。

此公"治市"，果然不凡，从此之后两年，小生都认定了这家店，而获得的经验是：断断不可在周末去，因为周末人太多，老板的爸爸也会来帮忙，被那老儿抓去，能保全耳朵，就已经是万幸了。

当然身在纽约，只需到曼哈顿和中国城去逛逛，捶背、捏脚、泰国浴、中国式歌厅、夜总会，要什么有什么，而且样样都是家乡风味，但是只听过当地的华侨自诩厨房大师傅的手艺绝不亚于台湾，却从未见他们提起纽约东百老汇的理发店堪与长春路的媲美。不但如此，小生发现近两年许多省亲归来的朋友，谈到台湾理发的盛况，简直有台湾的孩子玩过迪斯尼乐园那般得意的滋味，莫不眉飞色舞，心驰神往，颔首追怀，口中啧啧有声，叹一句：

"了不得!"

观光理发好比游桃花源

最先向我道起台湾理发盛况的是一位离台多年的医生朋友，此君虽然早已在美执业，但腼腆拘谨而讷于言，又不善于穿着，加上"鬓毛衰"而"乡音未改"的一口地方国语，怎么看也不像旅美的侨界名医。

据说他老兄离台十多年后，在前年暑假返台省亲，某日头痒难耐，便独自冲进一家理发店，门才推开，他老兄已然大吃一惊："敢情是进入夜总会了，还是哪家正在办Party？"但见满室氤氲、灯火凄迷、人影幢幢，早有长裙曳地的一位少女翩翩而至，迎宾入座，更有佳人莲步轻摇地趋前，奉上555香烟并冻顶乌龙一盅，至此他老兄真是"未成沉醉，意先融"，身坠十里雾中，早把头痒理发这件事忘得一干二净，亏得小姐提醒："您是要剪发呢，还是只洗个头什么的？"

"洗洗就好！"如梦初醒，说罢便欲起身，岂知小姐竟将他一把按住，敢情这里比美国的理发厅进步得多，化妆台下一拉，就正是一方"华清池"，顾客完全不必离座，便在眼前料理，更有二三位小姐穿梭伺候地递洗发香精和热毛巾，怎不令这位让美国老粗料理惯了的客人，有受宠若惊、恍如隔世之感。

至于洗完吹风，就更是体贴动人了。美国师傅理发，只见他们将那毛茸茸的大手往你的天灵盖上一压，左旋、右转，似乎客人的颈子是弹簧做的，任凭他上下四方调整，总归一句话，他老兄挺着个两百磅的大肚子，懒得走动，全得你的脑袋听他的。但是此刻可不同了，只见那位盈盈玉人，轻振罗袖，微摆裙裳，一会儿在左边梳理，霎时又飞到了右侧，进而敔贴在眼前，且笑语吟吟，不住地往镜中打量，似是深恐吹拢得不合客人的心意。而风强时总不忘拿手遮着客人的额头，惟恐掠到了眼睛；偶尔吹得略烫，又忙不迭地用嘴吹散热气。那份体贴、那种情谊，怎能说不感人肺腑呢。

"今儿要好好赏一份小费。"眼看快要结束，我这位朋友心中正盘算，未料小姐俯身贴耳低声道："先生请到后面去吧！"

"什么？"他不懂。

"假仙！"小姐嗔着，在他肩上作势地打了一下。

小生第二次听到归台理发奇遇，是来自一位老侨领，他老先生国学甚佳，神秘间不多评论，只是做了个比喻：好比游陶渊明的桃花源。

"此话怎说？"小生追问，"敢请明示？"

"这很简单嘛！"老先生说，"此中人语云，不足为外人道也。"

灵芝护发的滋味

听了这许多动人的传说，小生早已怦然心动，去年暑假，终于也在离台五载之后返台，虽只是短期停留，仍有几位纽约的老友赴机场送行，临登机，老友附耳道："理个观光发回来，给哥儿们瞧瞧!"

　　两个多月匆匆过去，待小生再降落纽约肯尼迪机场时，非但未能理成半次所谓观光发以骄同侪，反而因为理发，惹得头上长了三个大包，还落得一个刘姥姥进大观园的嘲笑。事情是这样的:

　　离台五年，小生发现老友们一见面，似乎都是同一种反应:"怎么在国外几年，头发都白了!"然后就跟着有那好心的会说:"何不染染呢! 比较见精神。"

　　"听说染发有时会有副作用。"小生总是如此搪塞，大家也便没了话说。

　　"你不必染啊! 可以去做个护发。"某日一位新闻界的老友突然提出了新的构想，"这个护发不是民国初年的护法运动，而是保护头发的一种方法，既可以保养发质，又能够使头发乌黑油亮，两全其美，何不一试?"

　　"听来十分动人。"我精神为之一振。于是在一个午后，小生拿着地址，找到了那个号称护发的专门店。

　　这个理发店，由外面看就知道十分正派，既无五六七八个"转转灯"以招摇，又没有深垂的锦幄和门口把风的守卫，更不见长裙曳地的姑娘，步入其中，倒反而有进女子学校的感觉。只见个个制服齐整，或在胸前挂有学号名牌，或标明为"实习学生"，妙的是: 其间顾客皆为女性。

　　"我是不是走错地方了，这是女人的美容院嘛!"小生转身要走。

　　"没有错啦! 现在是太太带先生理发运动，为了安全，太太常常会带丈夫来女子美容院理发，以便就近监督，所以我们现在男女兼收。"

"有位朋友介绍我来护发。"小生出示名片。

"喔！你要做本店最有名的灵芝护发。"小姐故意把最后几个字的声音提得特别高，仿佛有人在餐馆点了熊掌一般，便见四面一下子拥上了好几个人，这个伸手摸摸小生头发，那个过来揪一把，再来一个凑近头端详一番，然后叽叽喳喳地讨论了起来，言谈间似乎有些是实习生正在向老师们请教对付本小生花白稻草发的方法。

"很硬、很粗哟！""要烤多久？""要多涂一点料！"

说着，只见一位小姐推来一张带轮子、仿佛西餐厅放香槟酒和料理牛排的小桌子，上面果然有瓶有罐，还有两只金属碗，然后突见小姐们向两侧肃然让开，一位看来不出二十岁的小男生昂然而至，伸手往小生头上摩搓了两下，便转身开始调料，只见他拿着一个大勺子向碗里加料，先是黑糊糊的一团泥巴，仿佛吃牛排时的黑胡椒，既而又撒了些像是日本"米素西鲁汤"似的黄豆粉，接着再来的则是吃生鱼片的绿芥末。"这不会是孙二娘的人肉包子店吧，把小生的脑袋当成肉馅了？"小生心想，说时迟，那一团又黑又黄又绿的东西，已经啪嗒一声落在顶上，立刻就有位小姐拿梳子梳了两下，掠出另一块没上料的头皮，啪嗒又一声，跟着再梳。突然一团泥巴不小心滑到小生耳朵上，四周的小姐们果然眼明手快，三只手拿着卫生纸，自三个不同的方向同时伸来，将小生的耳朵抓住一转，擦个一干二净。于是不一下的工夫，小生已是"一团牛粪堆在头顶上"。这时早有位鹄候多时的，拿着一个塑料帽子过来套上。"哇！黑胡椒牛排西餐，变成了'纸包肉'的中菜！"小生话没说完，又被环头系上了一条白毛巾。"这下更好，成了阿拉伯的劳伦斯了。"此时众人已然开始散去，松了口气，小生站起身，回头问："是不是去洗了？"

"笑话！还没烤呢！怎么可能产生护发的功效。"说完一顶钢盔已然当头罩下，跟着便见盔中射出红色的灯光，好像电影《第三类接触》中的飞碟一般。小生望着镜中已经男女难辨的自己哑然失笑，想起小时候看见妈妈在烫头时的样子，一排女人正襟危坐地受刑，没想到而今自己也落到了如此田地……还没想完，不得了，顶上愈来愈热，而且像水开了一般地咕咕有声，天哪！冒烟了！一股白烟从盔中腾然而起："失火了！失火了！"小生大喊，引来的却是满屋小姐们的哄笑。

终于走出了刑场，缴完一大笔"赎头费"，小生怯生生地问："这灵芝护发用的那团黑漆巴拉的灵芝，八成是中药店里的千年老灵芝吧？怪不得如此昂贵。"

"你错了，这是法国货，舶来品呢！"

而最气人的是，受完这许多罪，除了《光华》杂志主编官丽嘉说看来似乎黑了些，别的人居然没有一个发现小生有了变化。

变化是有的，那是一个星期之后，头上长了大大小小七个包，其中三个较大的，并被带回了纽约做纪念品。

　　"有没有理到观光发?" 才下飞机，老友们就瞪着眼睛追问。

　　"自己看!" 小生指指头上的包。

　　"哇! 佩服! 佩服! 杀得狠! 杀得狠!" 一片赞叹之声……

刘墉著作年表

文艺理论：

《中国绘画的符号》(1972)

《诗朗诵团体的建立与演出》(1981)

《花卉写生画法 The Manner of Chinese Flower Painting》(中英文版,1983)

《山水写生画法 Ten Thousand Mountains》(中英文版,1984)

《翎毛花卉写生画法 The Manner of Chinese Bird and Flower Painting》(中英文版,1985)

《唐诗句典(暨分析)》(1986)

《白云堂画论画法 Inside The White Cloud Studio》(中英文版,1987)

《林玉山画论画法 The Real Spirit of Nature》(中英文版,1988)

《中国绘画的省思》(专栏系列,1990)

《艺林瑰宝》(专栏系列,1990)

《内在的真实与感动》(1991)

《中国文明的精神》(30集27万字,1992)

《属于这个大时代的丽水精舍》(1995)

画册及录影：

《欧洲艺术巡礼》(1977)

《芍药画谱》(1980)

《The Real Tranquility》(英文版录影带,1981)

《春之颂》(印刷册页,1982)

《真正的宁静》(印刷册页,1982)

《The Manner of Chinese Flower Painting》((英文版录影带,1987)

《刘墉画集》(中英文版,1989)

《刘墉画卡》(全套69张,1993—2004)

有声书：

《从跌倒的地方站起来飞扬》(刘墉·刘轩演讲专辑,1994)

《这个叛逆的年代》(刘墉演讲专辑,1995)

《在生命中追寻的爱》(刘墉演讲专辑,1996)

《爱的变化与飞扬》(刘墉演讲专辑,1998)

《在灵魂居住的地方》(有声书,1998)

译作：

《死后的世界》(瑞蒙模第原著,1979)

《颤抖的大地》(刘轩原著,1992)

诗、散文、小说：

《萤窗小语①》(1973)

《萤窗小语②》(1974)

《萤窗小语③》(1975)

《萤窗小语④》(1976)

《萤窗随笔》(诗画散文集,1977)

《萤窗小语⑤》(1978)

《萤窗小语⑥》(1979)

《萤窗小语⑦》(1982)

《真正的宁静》(诗画散文小说集,1982)

《小生大盖》(幽默文集,1984)

《点一盏心灯》(1986)

《姜花》(1986)

《超越自己》(1989)

《四情》(1989)

《创造自己》(1990)

《纽约客谈》(1990)

《肯定自己》(1991)

《爱就注定了一生的漂泊》(1991)

《人生的真相》(1992)

《生死爱恨一念间》(1992)

《冷眼看人生》(1993)

《属于那个叛逆的年代》(改写刘轩原著,1993)

《离合悲欢总是缘》(1993)

《冲破人生的冰河》(1994)

《做个飞翔的美梦》(1994)

《把握我们有限的今生》(1994)

《我不是教你诈》(1995)

《迎向开阔的人生》(1995)

《在生命中追寻的爱》(1995)

《生生世世未了缘》(1996)

《抓住心灵的震颤》(1996)

《我不是教你诈②》(1996)

《寻找一个有苦难的天堂》(1997)

《杀手正传》(1997)

《在灵魂居住的地方》(1997)

《创造双赢的沟通》(与刘轩合著,1997)

《攀上心中的巅峰》(1998)

《我不是教你诈③》(1998)

《对错都是为了爱》(1998)

《做个快乐读书人》(1999)

《一生能有多少爱》(1999)

《你不可不知的人性》(1999)

《面对人生的美丽与哀愁》(1999)

《抓住属于你的那颗小星星》(2000)

《爱何必百分百》(2000)

《把话说到心窝里》(2000)

《你不可不知的人性②》(2000)

《爱又何必矜持》(2001)

《我不是教你诈④》(2001)

《小姐小姐别生气》(2001)

《因为年轻所以流浪》(2001)

《把话说到心窝里②》(2002)

《不要累死你的爱》(2002)

《创造超越的人生》(2002)

《捕梦网·生命的启示》(2002)

《那条时光流转的小巷》(散文选集,2002)

《教你幽默到心田》(2003)

《母亲的伤痕》(2003)

《爱原来可以如此豁达》(2003)

《人就这么一辈子》(《萤窗小语》④重编)(2003)

《该你出头了》(《萤窗小语》⑤重编)》(2003)

《爱不厌诈》(2004)

《靠自己去成功》(2004)

《点滴在心的处世艺术》(2004)

《点燃快乐的炉火》(《萤窗小语》⑥重编)(2004)